Badr Benmammar

Les systèmes de détection d'intrusions

Badr Benmammar

Les systèmes de détection d'intrusions

Sécurité des applications Web

Presses Académiques Francophones

Impressum / Mentions légales
Bibliografische Information der Deutschen Nationalbibliothek: Die Deutsche Nationalbibliothek verzeichnet diese Publikation in der Deutschen Nationalbibliografie; detaillierte bibliografische Daten sind im Internet über http://dnb.d-nb.de abrufbar.
Alle in diesem Buch genannten Marken und Produktnamen unterliegen warenzeichen-, marken- oder patentrechtlichem Schutz bzw. sind Warenzeichen oder eingetragene Warenzeichen der jeweiligen Inhaber. Die Wiedergabe von Marken, Produktnamen, Gebrauchsnamen, Handelsnamen, Warenbezeichnungen u.s.w. in diesem Werk berechtigt auch ohne besondere Kennzeichnung nicht zu der Annahme, dass solche Namen im Sinne der Warenzeichen- und Markenschutzgesetzgebung als frei zu betrachten wären und daher von jedermann benutzt werden dürften.

Information bibliographique publiée par la Deutsche Nationalbibliothek: La Deutsche Nationalbibliothek inscrit cette publication à la Deutsche Nationalbibliografie; des données bibliographiques détaillées sont disponibles sur internet à l'adresse http://dnb.d-nb.de.
Toutes marques et noms de produits mentionnés dans ce livre demeurent sous la protection des marques, des marques déposées et des brevets, et sont des marques ou des marques déposées de leurs détenteurs respectifs. L'utilisation des marques, noms de produits, noms communs, noms commerciaux, descriptions de produits, etc, même sans qu'ils soient mentionnés de façon particulière dans ce livre ne signifie en aucune façon que ces noms peuvent être utilisés sans restriction à l'égard de la législation pour la protection des marques et des marques déposées et pourraient donc être utilisés par quiconque.

Coverbild / Photo de couverture: www.ingimage.com

Verlag / Editeur:
Presses Académiques Francophones
ist ein Imprint der / est une marque déposée de
AV Akademikerverlag GmbH & Co. KG
Heinrich-Böcking-Str. 6-8, 66121 Saarbrücken, Deutschland / Allemagne
Email: info@presses-academiques.com

Herstellung: siehe letzte Seite /
Impression: voir la dernière page
ISBN: 978-3-8381-7866-0

Copyright / Droit d'auteur © 2013 AV Akademikerverlag GmbH & Co. KG
Alle Rechte vorbehalten. / Tous droits réservés. Saarbrücken 2013

Table des matières

3

Liste des figures

Liste des abréviations :

AIDS	*Application Intrusion Detection System*
AIPS	*Application Intrusion Prevention System*
CDDL	*Common Development and Distribution License*
CPU	*Central Process Unit*
DDoS	*Distributed Denial of Service*
DoS	*Denial of Service*
FTP	*File Transport Protocol*
HIDS	*Host Intrusion Detection System*
HIPS	*Host Intrusion Prevention System*
HTML	*Hyper Text Markup Language*
HTTP	*Hyper Text Transfer Protocol*
ICMP	*Internet Control Message Protocol*
IDE	*Integrate Development Environment*
IDS	*Intrusion Detection System*
IP	*Internet Protocol*
IPS	*Intrusion Prevention System*
JSP	*Java Server Page*
KIDS	*Kernal Intrusion Detection System*
NIPS	*Network Intrusion Prevention System*
LAN	*Local Area Network*
MVC	*Model View Controller*
NIDS	*Network Intrusion Detection System*
NIPS	*Network Intrusion Prevention System*
OSI	*Open Systems Interconnection*
P2P	*Peer to Peer*
QoS	*Quality of Service*
SBIDS	*Stack Based Intrusion Detection System*
SBIPS	*Stack Based Intrusion Prevention System*
TCP	*Transmission Control Protocol*
URL	*Uniform Resource Locator*
VLAN	*Virtual Local Area Network*
VPN	*Virtual Private Network*
WAN	*Wide Area Network*
XML	*eXtensible Markup Language*

Introduction générale :

I. Préambule :

L'informatique et en particulier Internet jouent un rôle grandissant dans notre société. Un grand nombre d'applications critiques d'un point de vue de leur sécurité est déployé dans divers domaines comme le domaine militaire, la santé, le commerce électronique, etc. La sécurité des systèmes informatiques devient alors une problématique essentielle tant pour les individus que pour les entreprises ou les états [25].

A cet égard, afin d'éliminer les vulnérabilités, contrer les attaques et garantir un niveau élevé de protection du réseau et du système d'information, on peut utiliser des services, des mécanismes, des outils et des procédures que l'on nomme de façon générale des solutions ou des mesures de sécurité. Par exemple, les politiques de sécurité décrivent la manière dont les informations sensibles et les autres ressources sont gérées, protégées et distribuées à l'intérieur d'un système.

Pour chaque système informatique, une politique de sécurité doit donc être définie pour garantir les propriétés de sécurité qui doivent être rendues par ce dernier. Cette politique s'exprime par des règles fixant trois objectifs distincts :

- Confidentialité des données : seuls les utilisateurs autorisés peuvent consulter une information donnée ;
- Intégrité des données : seuls les utilisateurs autorisés peuvent modifier une information donnée ;
- Disponibilité du système : le système doit être capable de rendre le service prévu en un temps borné (c'est-à-dire le fait d'être prêt à l'utilisation).

Enfin, pour des raisons à la fois techniques, humaines et fonctionnelles, il n'est pas impossible de concevoir ou de mettre en œuvre des techniques de détection d'intrusions visant à surveiller les activités d'un système ou d'un réseau de systèmes, à détecter, idéalement en temps réel, les usages anormaux des ressources (machines, services, données et équipements), à journaliser ces événements, à analyser cette information à la recherche de violation ou d'abus, à avertir un humain ou un système et parfois, à amorcer certaines actions.

Introduction générale

Les systèmes de détection d'intrusions (IDS) sont parmi les outils de sécurité les plus récents. On peut les classer en différents types selon leurs caractéristiques, par exemple selon leurs techniques de détection ou leurs architectures.

Malheureusement, malgré leur utilité, en pratique la plupart des IDS souffrent plus ou moins de deux problèmes : le nombre important de faux positifs et de faux négatifs. Les faux positifs (c'est-à-dire les fausses alertes) sont générés lorsque l'IDS identifie des activités normales comme des intrusions, alors que les faux négatifs correspondent aux attaques ou intrusions qui ne sont pas détectées (aucune alerte n'est générée).

Les techniques de détection d'intrusions se répartissent en deux grandes classes : détection d'anomalies, aussi appelée approche comportementale et détection d'attaques, dite également approche par signatures.

- Approche comportementale est basée sur le comportement d'utilisateur et/ou l'application. Elle a été proposée par Anderson en 1980 et reprise par Denning en 1987. Anderson a proposé de décrire le comportement d'utilisateur par un ensemble de mesures pertinentes modélisant au mieux son comportement et de détecter par la suite toute déviation de son comportement habituel. Cette approche cherche alors à répondre à la question : "le comportement actuel de l'utilisateur et/ou l'application est il cohérent avec son comportement passé ?".

- Approche par signatures cherche à retrouver des attaques connues dans le fichier d'audit. Elle nécessite donc une connaissance, a priori, des attaques bien définies. Cette approche cherche alors à répondre à la question :"le comportement actuel de l'utilisateur et/ou l'application contient-il une attaque connue ?". Dans ce cas, une construction d'une base de données d'attaques ou de signatures d'attaques est nécessaire.

II. Problématique :

Certes, les IDS deviennent un dispositif essentiel pour l'obtention de la sécurité. Néanmoins, ils restent plus au moins complexes, longs à optimiser et nécessitent un degré d'expertise élevé. On outre, de part leur importance stratégique et leurs modes de fonctionnement, les IDS peuvent faire l'objet d'attaques. De plus, certaines de leurs faiblesses sont liées aux systèmes d'exploitation ou à la plateforme utilisée.

Il est donc important de définir des métriques et des méthodes à la fois quantitatives et qualitatives des IDS, de façon à fournir des indicateurs pour :

- Savoir si on a obtenu un niveau de sécurité satisfaisant vis-à-vis de la politique visée ;
- Pouvoir justifier comment une approche d'IDS est meilleur qu'une autre et à quel niveau.

Ce livre s'intéresse à la sécurité d'une application Web à l'aide de l'approche comportementale d'IDS.

III. Objectifs :

- Définir des critères pour créer la phase d'apprentissage des utilisateurs de l'application Web réalisée.
- Tester le nouveau comportement d'un client par rapport à son comportement normal qui a été créé dans la phase d'apprentissage.
- Chercher à minimiser les faux positifs.
- Faire une comparaison entre l'approche comportementale et l'approche par signatures.

IV. Organisation du livre :

Ce livre va être organisé comme suit :

Le premier chapitre s'intéresse à la sécurité des réseaux, ses vulnérabilités et les attaques qu'ils subissent ainsi que les mécanismes de défense.

Le deuxième chapitre présente les systèmes de détection d'intrusions, les différents types d'IDS ainsi que les différentes approches (l'approche comportementale, l'approche par signatures et l'approche hybride).

Dans le dernier chapitre, on présentera l'implémentation de notre application en deux parties : la première partie montre les différentes étapes à suivre pour réaliser l'application Web. La deuxième partie détaille notre proposition afin de sécuriser cette application Web à l'aide des IDS comportementale.

I. Introduction:

La sécurité du transport de l'information est une préoccupation primordiale dans le domaine des réseaux. Elle est une fonction incontournable des réseaux. Puisqu'on ne voit pas son correspondant directement, il faut l'authentifier. Puisqu'on ne sait pas par où passent les données, il faut les chiffrer. Puisqu'on ne sait pas si quelqu'un ne va pas modifier les informations émises, il faut vérifier leur intégrité. Nous pourrions ajouter une longue suite de requêtes du même genre qui doivent être prises en charge par les réseaux.

Aujourd'hui, les réseaux sont toujours devants des menaces. Il y a de plus en plus de techniques pour les protéger, mais il y a aussi de plus en plus de techniques pour les attaquer. Ce chapitre offre un aperçu général des principales menaces pesant sur la sécurité des réseaux ainsi que les mécanismes de défense.

II. Services de la sécurité :

En informatique, le terme sécurité recouvre tout ce qui concerne la protection des informations.

Trois grands concepts ont été définis :

- Les fonctions de sécurité, qui sont déterminées par les actions pouvant compromettre la sécurité d'un établissement ;
- Les mécanismes de sécurité, qui définissent les algorithmes à mettre en œuvre ;
- Les services de sécurité, qui représentent les logiciels et les matériels mettant en œuvre des mécanismes dans le but de mettre à la disposition des utilisateurs les fonctions de sécurité dont ils ont besoin [1].

Assurer la sécurité revient alors à assurer les fonctions suivantes:

- **Confidentialité**, qui doit assurer la protection des données contre les attaques non autorisées.
- **Authentification**, qui doit permettre de s'assurer que celui qui se connecte est bien celui qui correspond au nom indiqué.
- **Intégrité**, qui garantit que les données reçues sont exactement celles qui ont été émises par l'émetteur autorisé.

- **Non-répudiation**, qui assure qu'un message a bien été envoyé par une source spécifiée et reçu par un récepteur spécifié.

- **Disponibilité**, qui doit permettre de satisfaire les conditions logicielles et matérielles pour une application ou une communication du réseau pour les utilisateurs légitimes.

- **Contrôle d'accès**, qui doit permettre de limiter et de contrôler l'accès à des systèmes et des applications via des maillons de communications.

III. Menace sur les réseaux :

III.1. Vulnérabilité :

Internet est une mine d'informations pour les entreprises et pour les utilisateurs. En naviguant sur Internet, on peut accéder à des millions de pages Web. A l'aide de moteurs de recherche, on peut obtenir des informations qui sont nécessaires pour le travail, au moment où on a besoin [2].

Le Web est une ressource indispensable pour la productivité des entreprises, mais il y a aussi des dangers (les virus, les vers, les cookies…), alors le Web montre une faiblesse.

Pour résoudre ce problème, il faut une discipline où les listes de pages Web à interdire ou à conseiller, mais dans l'évolution très rapide du Web aujourd'hui, comment peut-on faire? [2].

III.2. Attaque :

De nos jours la sécurité du réseau informatique est devenue indispensable face aux attaques qui se multiplient rapidement. Pour contrarier ces attaques, les systèmes de sécurité visent à prévenir de ces dernières et à corriger les vulnérabilités exploitées. Il est alors nécessaire d'établir l'identification des menaces potentielles et de connaître les différents procédés des attaquants afin de sécuriser le réseau. C'est pourquoi nous allons dans un premier temps analyser ce que nous appellerons « l'anatomie d'une attaque », puis dans un second temps, nous caractériserons ces attaques avec ses différents types.

III.2.1. Motivation des attaques :

Les motivations des attaques peuvent être de différentes sortes :

- Obtenir un accès au système ;
- Voler des informations, tels que des secrets industriels ou des propriétés intellectuelles ;
- Glaner des informations personnelles sur un utilisateur ;
- S'informer sur l'organisation (entreprise de l'utilisateur, etc.) ;
- Troubler le bon fonctionnement d'un service ;
- Utiliser le système de l'utilisateur comme « rebond » pour une attaque ;
- Utiliser les ressources du système de l'utilisateur.

III.2.2. Anatomie d'une attaque :

Fréquemment appelés « les 5 P » dans la littérature, ces cinq verbes anglophones constituent le squelette de toute attaque informatique : Probe, Penetrate, Persist, Propagate, Paralyze.

Observons le détail de chacune de ces étapes [3] :

- **Probe :** consiste en la collecte d'informations par le biais d'outils comme whois, Arin, DNS lookup. La collecte d'informations sur le système cible peut s'effectuer de plusieurs manières, comme par exemple un scan de ports grâce au programme Nmap pour déterminer la version des logiciels utilisés, ou encore un scan de vulnérabilités à l'aide du programme Nessus.
- **Penetrate :** utilisation des informations récoltées pour pénétrer un réseau. Des techniques comme le brute force ou les attaques par dictionnaires peuvent être utilisées pour outrepasser les protections par mot de passe. Une autre alternative pour s'infiltrer dans un système est d'utiliser des failles applicatives que nous verrons ci-après.
- **Persist :** création d'un compte avec des droits de super utilisateur pour pouvoir se réinfiltrer ultérieurement. Une autre technique consiste à installer une application de contrôle à distance capable de résister à un reboot (ex : un cheval de Troie).
- **Propagate :** cette étape consiste à observer ce qui est accessible et disponible sur le réseau local.

- **Paralyze :** cette étape peut consister en plusieurs actions. Le pirate peut utiliser le serveur pour mener une attaque sur une autre machine, détruire des données ou encore endommager le système d'exploitation dans le but de planter le serveur.

Après ces cinq étapes, le pirate peut éventuellement tenter d'effacer ses traces, bien que cela ne soit rarement utile.

III.2.3. Différentes étapes d'une attaque :

Une attaque est l'exploitation d'une faille d'un système informatique connecté à un réseau. Pour réussir leur exploit, les attaquants tentent d'appliquer un plan d'attaque bien précis pour aboutir à des objectifs distincts.

La plupart des attaques, de la plus simple à la plus complexe fonctionnent suivant le même schéma [4] :

- **Identification de la cible :** cette étape est indispensable à toute attaque organisée, elle permet de récolter un maximum de renseignements sur la cible en utilisant des informations publiques et sans engager d'actions hostiles. On peut citer par exemple l'interrogation des serveurs DNS.
- **Scanning :** l'objectif est de compléter les informations réunies sur une cible visée. Il est ainsi possible d'obtenir les adresses IP utilisés, les services accessibles de même qu'un grand nombre d'informations de topologie détaillée.
- **Exploitation :** cette étape permet à partir des informations recueillies d'exploiter les failles identifiées sur les éléments de la cible, que ce soit au niveau protocolaire, des services et applications ou des systèmes d'exploitation présents sur le réseau.
- **Progression :** il est temps pour l'attaquant de réaliser son objectif. Le but ultime étant d'obtenir les droits de l'utilisateur root sur un système afin de pouvoir y faire tout ce qu'il souhaite.

Sécurité des réseaux

III.2.4. Différents types d'attaques :

De nombreux types d'attaques du réseau ont été identifiés. Ces attaques sont généralement classées en trois principales catégories [5] :

- Les attaques dans le but de découvrir des informations ;

- Les attaques par intrusions sont menées afin d'exploiter les faiblesses de certaines zones du réseau telles que les services d'authentification ;

- Les attaques d'interruption de service (ou déni de service) saturent l'accès à une partie ou à l'intégralité d'un système. Les attaques d'interruption de service distribué (*DDOS : Distributed Denial of Service*) qui consistent à saturer ainsi plusieurs machines ou hôtes, sont encore plus nuisibles.

- **Sniffing** [4] **:** grâce à un logiciel appelé "sniffer", il est possible d'intercepter toutes les trames que notre carte réseau reçoit et qui ne nous sont pas destinées. Si quelqu'un se connecte par Telnet par exemple à ce moment là, son mot de passe transitant en clair sur le net, il sera aisé de le lire. De même, il est facile de savoir à tout moment quelles pages Web regardent les personnes connectées au réseau, les sessions ftp en cours, les mails en envoi ou réception. Un inconvénient de cette technique est de se situer sur le même réseau que la machine ciblée.

- **IP spoofing** [4] **:** cette attaque est difficile à mettre en œuvre et nécessite une bonne connaissance du protocole TCP. Elle consiste, le plus souvent, à se faire passer pour une autre machine en falsifiant son adresse IP de manière à accéder à un serveur ayant une "relation de confiance" avec la machine "spoofée".

La Figure I.1 montre le principe du spoofing.

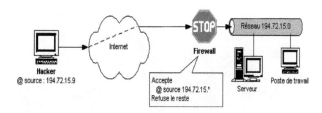

Figure I.1. Principe du spoofing [7].

15

- **Scanners** [4] : un scanner est un programme qui permet de savoir quels ports sont ouverts sur une machine donnée. Les Hackers utilisent les scanners pour savoir comment ils vont procéder pour attaquer une machine. Leur utilisation n'est heureusement pas seulement malsaine, car les scanners peuvent aussi permettre de prévenir une attaque.

- **Attaques passives :** les attaques passives sont la capture du contenu d'un message et l'analyse de trafic. Elles sont très difficiles à détecter car elles ne causent aucune altération des données. Le but de l'adversaire est d'obtenir une information qui a été transmise.

- **Attaques actives :** ces attaques impliquent certaines modifications du flot de données ou la création d'un flot frauduleux ; elles peuvent être subdivisées en 4 catégories : mascarade, rejeu, modification de messages et déni de service.

  - Une mascarade a lieu lorsqu'une entité prétend être une autre entité. Une attaque de ce type inclut habituellement une des autres formes d'attaque active.

  - Le rejeu implique la capture passive de données et leur retransmission ultérieure en vue de produire un effet non autorisé.

  - La modification du messages (man in the middle) signifie que certaines portions d'un message légitime sont altérées ou que les messages sont réorganisés.

  - Dénis de services [2]: d'une manière générale, l'attaque par déni de service (*Denial of Service* DoS) vise à rendre une application informatique incapable de répondre aux requêtes de ses utilisateurs par saturation de ses ressources. La Figure I.2 montre un exemple de DoS qui s'appelle «ICMP Flood».

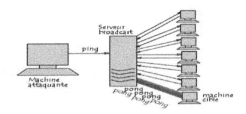

Figure I.2. Exemple de DoS [2].

16

Sécurité des réseaux

III.3. Types de logiciels malveillants :

III.3.1. Virus :

Un virus est un logiciel capable de s'installer sur un ordinateur à l'insu de son utilisateur légitime. Le terme virus est réservé aux logiciels qui se comportent ainsi avec un but malveillant, parce qu'il existe des usages légitimes de cette technique dite de code mobile.

En général, pour infecter un système, un virus agit de la façon suivante : il se présente sous la forme de quelques lignes de code en langage machine binaire qui se greffent sur un programme utilisé sur le système cible, afin d'en modifier le comportement. Le virus peut être tout entier contenu dans ce greffon, ou il peut s'agir d'une simple amorce, dont le rôle va être de télécharger un programme plus important qui sera le vrai virus.

Une fois implanté sur son programme-hôte, le greffon possède aussi en général la capacité de se recopier sur d'autres programmes, ce qui accroît la virulence de l'infection et peut contaminer tout le système ; la désinfection n'en sera que plus laborieuse [6].

III .3.2. Vers :

Un ver *(worm)* est une variété de virus qui se propage par le réseau. Il se reproduit en s'envoyant à travers un réseau (e-mail, Bluetooth, chat..). Le ver contrairement aux virus, n'a pas besoin de l'interaction humaine pour pouvoir se proliférer.

III.3.3. Cheval de Troie :

Un cheval de Troie *(Trojan horse)* est un logiciel qui se présente sous un jour honnête, utile ou agréable, et qui une fois installé sur un ordinateur y effectue des actions cachées et pernicieuses [6].

La différence essentielle entre un trojan et un ver réside dans le fait que le ver tente de se multiplier. Ce que ne fait pas le trojan.

III.3.4. Porte dérobée :

Une porte dérobée *(backdoor)* est un logiciel de communication caché, installé par exemple par un virus ou par un cheval de Troie, qui donne à un agresseur extérieur accès à l'ordinateur victime, par le réseau [6].

III.3.5. Bombe logique :

Une bombe logique est une fonction, cachée dans un programme en apparence honnête, utile ou agréable, qui se déclenchera à retardement, lorsque sera atteinte une certaine date, ou lorsque surviendra un certain événement. Cette fonction produira alors des actions indésirées, voir nuisibles [6].

Les bombes logiques présentent des caractéristiques similaires aux chevaux de Troie (incapacité de se reproduire et de se propager).

III.3.6. Logiciel espion :

Un logiciel espion, comme son nom l'indique, collecte à l'insu de l'utilisateur légitime des informations au sein du système où il est installé, et les communique à un agent extérieur, par exemple au moyen d'une porte dérobée.

Une variété particulièrement toxique de logiciel espion est le *keylogger* (espion dactylographique), qui enregistre fidèlement tout ce que l'utilisateur tape sur son clavier et le transmet à son honorable correspondant ; il capte ainsi notamment identifiants, mots de passe et codes secrets [6].

III.3.7. Spam :

Le spam est du courrier électronique non sollicité envoyé à un très grand nombre de personnes sans leur accord préalable.
Les messages électroniques non sollicités contiennent généralement de la publicité.

III.3.8. Spyware :

Un spyware (mouchard) est un programme capable en plus de sa fonction propre de collecter des données sur ses utilisateurs et de les transmettre via Internet. Les spywares sont parfois confondus avec les adwares, ces logiciels dont l'auteur se rémunère par l'affichage de bannières publicitaires mais sans recueillir ni transmettre d'informations [7].

Le but des mouchards est de recueillir le plus d'information possible de l'utilisateur. Ces mouchards sont présents dans de nombreux « freewares » ou « sharewares » et ils s'installent lors des téléchargements à l'insu des utilisateurs.

III.3.9. Cookies :

Les cookies ne représentent pas de menace directe pour votre ordinateur ou les données qui y sont placées. Cependant, ils sont vraiment une menace pour la confidentialité : un cookie permet à un site Web de conserver vos références et de suivre à la trace vos visites du site. C'est pourquoi, si vous préférez garder l'anonymat, vous devriez désactiver les cookies en utilisant les paramètres de sécurité de votre navigateur.

Un cookie est un petit fichier au format texte d'un maximum de 4 Ko, envoyé ("offert", comme un biscuit ?) par le serveur d'un site Web et enregistré sur votre disque dur par votre navigateur.

Un cookie n'étant pas exécutable, il ne peut contenir de virus [7].

IV. Mécanismes de sécurité :

La sécurité vise à garantir la confidentialité, l'intégrité et la disponibilité des services. Il faut mettre en place des mécanismes pour s'assurer que seules les personnes autorisées ont accès à l'information et que le service est rendu correctement. Parmi ces mécanismes, on peut citer :

IV.1. Cryptage :

Cryptographie est une science mathématique dans laquelle on fait les études des méthodes permettant de transmettre des données de manière confidentielle.

Afin de protéger un message, on lui applique une transformation qui le rend incompréhensible; c'est ce qu'on appelle le chiffrement, qui, à partir d'un texte clair, donne un texte chiffré ou cryptogramme. Inversement, le déchiffrement est l'action qui permet de reconstruire le texte en clair à partir du texte chiffré. Dans la cryptographie moderne, les transformations en question sont des fonctions mathématiques, appelées algorithmes cryptographiques, qui dépendent d'un paramètre appelé clef [2].

Sécurité des réseaux

Dans les réseaux, pour contrer les vols d'informations dans la voie de transmission, on utilise les techniques de cryptographie pour chiffrer et déchiffrer les messages transmis. Il existe à l'heure actuelle deux grands principes de cryptage : le cryptage symétrique basé sur l'utilisation d'une clef privée et le cryptage asymétrique qui repose sur un codage à deux clefs, une privée et l'autre publique.

La Figure I.3 montre le fonctionnement de chiffrement.

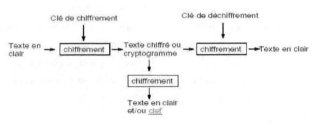

Figure I.3. Chiffrement [2].

IV.2. Pare-feu :

Un pare-feu (firewall) est une solution matérielle ou logicielle mise en place au sein de l'infrastructure du réseau afin de filtrer l'accès à des ressources réseau définies. Il ne laisse entrer que les utilisateurs autorisés, disposant d'une clef ou d'un badge, et crée une couche protectrice entre le réseau et le monde extérieur. Il est doté de filtres intégrés qui peuvent empêcher des documents non autorisés ou potentiellement dangereux d'accéder au système. Il enregistre également les tentatives d'intrusions dans un journal transmis aux administrateurs du réseau. Il permet également de contrôler l'accès aux applications et d'empêcher le détournement d'usage [5].

Le pare-feu permet à laisser passer tout ou partie des paquets qu'ils sont autorisés, et à bloquer et journaliser les échanges qui sont interdits.

La Figure I.4 schématise le fonctionnement d'un pare-feu.

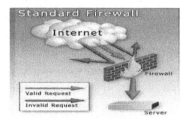

Figure I.4. Pare-feu [2].

Le pare-feu est un IDS, mais il détecte seulement les attaques de l'extérieur. Pour Intranet, les pare-feu sont nécessaires, mais pas suffisants, pour commencer à implémenter une politique de sécurité [2].

Certains pare-feux laissent uniquement passer le courrier électronique. De cette manière, ils interdisent toute autre attaque qu'une attaque basée sur le service de courrier. D'autres pare-feux, moins strictes, bloquent uniquement les services reconnus comme étant des services dangereux. Généralement, les pare-feux sont configurés pour protéger contre les accès non authentifiés du réseau externe.

IV.3. Antivirus :

Un antivirus est un logiciel qui protège une machine contre les virus. Les antivirus se fondent sur des fichiers de signatures et comparent alors les signatures génétiques du virus aux codes à vérifier. Certains programmes appliquent également la méthode heuristique tendant à découvrir un code malveillant par son comportement.

Les antivirus peuvent scanner le contenu d'un disque dur, mais également la mémoire de l'ordinateur. Pour les plus modernes, ils agissent en amont de la machine en scrutant les échanges de fichiers avec l'extérieur, aussi bien en flux montant que descendant. Ainsi, les courriers sont examinés, mais aussi les fichiers copiés sur ou à partir de supports amovibles tels que cédéroms, disquettes, connexions réseau,...
Aujourd'hui, il y a beaucoup d'antivirus comme Norton Antivirus, McAfee Antivirus, Kaspersky Antivirus...

IV.4. VPN :

Les réseaux privés virtuels (VPN : Virtual Private Network) permettent à l'utilisateur de créer un chemin virtuel sécurisé entre une source et une destination. Avec le développement d'Internet, il est intéressant de permettre ce processus de transfert de données sécurisé et fiable. Grâce à un principe de tunnel (tunnelling) dont chaque extrémité est identifiée, les données transitent après avoir été chiffrées.

Un des grands intérêts des VPN est de réaliser des réseaux privés à moindre coût. En chiffrant les données, tout se passe exactement comme si la connexion se faisait en dehors d'Internet. Il faut par contre tenir compte de la toile, dans le sens où aucune qualité de service (QoS) n'est garantie.

Le principe du VPN est basé sur la technique du tunnelling. Cela consiste à construire un chemin virtuel après avoir identifié l'émetteur et le destinataire. Ensuite la source chiffre les données et les achemine en empruntant ce chemin virtuel.

Les données à transmettre peuvent appartenir à un protocole différent d'IP. Dans ce cas le protocole de tunnelling encapsule les données en rajoutant un entête. Permettant le routage des trames dans le tunnel. Le tunneling est l'ensemble des processus d'encapsulation, de transmission et de désencapsulation [8].

La Figure I.5 montre le principe de tunneling.

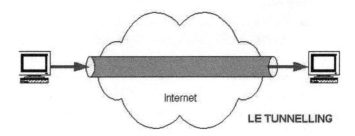

Figure I.5. Principe de VPN [8].

IV.5. Détection et prévention d'intrusions :

Un système de détection d'intrusions (IDS) permet de surveiller constamment le réseau. Il analyse les flux de paquets de données transitant par le réseau, à la recherche d'activités non autorisées (telles que les attaques de pirates) et permet aux utilisateurs de traiter les failles de sécurité avant que les systèmes ne soient compromis (plus de détails dans le chapitre II).

Aujourd'hui, les systèmes IDS évoluent vers ce que l'on appelle des systèmes de prévention d'intrusions (IPS) qui en complément de la détection apporte une protection active. Un système IPS peut ainsi décider, suite à des remontées d'alertes, de fermer des ports et de rejeter des paquets en fonctions du paramétrage qui en a été fait.

V. Politique de sécurité :

Lors de la configuration d'un réseau qu'il s'agisse d'un réseau local (LAN), d'un réseau local virtuel (VLAN) ou d'un réseau étendu (WAN), il est important de définir dès le départ des politiques de sécurité. Celles-ci forment des règles électroniques programmées et stockées dans un dispositif de sécurité, qui ont pour objectif de contrôler certains aspects spécifiques, tels que les droits d'accès.

Les politiques mises en œuvre doivent contrôler les accès à des zones définies du réseau et expliquer comment interdire l'accès à certaines zones à des utilisateurs non autorisés. Les utilisateurs ayant accès à certaines parties du réseau doivent également être soumis à des règles précises.

- **Qui doit appliquer et gérer ces politiques ?** [5] : la personne ou le groupe chargé de gérer et d'entretenir le réseau et sa sécurité doit avoir accès à l'ensemble de ses zones. La fonction de gestion des politiques de sécurité doit donc être confiée à des personnes particulièrement dignes de confiance et disposant des compétences techniques nécessaires.
- **Diffuser les politiques** [5] : une politique risque d'être inutile si toutes les parties concernées n'ont pas connaissance ou ne la comprennent pas. Il est capital de développer des mécanismes de diffusion des politiques existantes, des changements de politique, des nouvelles politiques et des alertes de sécurité relatives aux virus ou à des attaques imminentes.

- **Contrôler l'application des politiques** [5] **:** pour qu'elles soient parfaitement efficaces, il est essentiel de contrôler que les politiques sont bien appliquées. Il est donc important d'établir une vérification de la bonne mise en place de celles-ci.

- **Mots de passe** [5] **:** le moyen le plus simple et le plus classique de s'assurer que seules les personnes autorisées peuvent accéder à une certaine partie du réseau est de protéger certaines zones du réseau par un mot de passe. Cependant, les plus puissantes infrastructures de sécurité sont inefficaces si les mots de passe ne sont pas eux-mêmes protégés.

  Les règles d'or ou politiques à suivre, en matière de mots de passe sont les suivants :

  - Changer régulièrement les mots de passe ;

  - Choisir des mots de passe aussi dénués de sens que possible ;

  - Ne jamais divulguer les mots de passe.

Dans l'avenir, certains mots de passe pourraient être remplacés par des technologies de biométrie identifiant les utilisateurs en fonction de caractéristiques physiques comme leurs empreintes digitales, optiques ou vocales.

- **Certificats numériques** [5]**:** les certificats numériques ou clefs publiques sont les équivalents électroniques d'un permis de conduite ou d'un passeport et sont émis par une autorité de certification. Les certificats numériques sont généralement utilisés à des fins d'identification, lors de l'établissement de tunnels sécurisés sur Internet, comme c'est le cas dans les réseaux virtuels privés (VPN).

VI. L'avenir de la sécurité :

Nouveaux protocoles, nouvelles menaces : depuis quelques années, des protocoles qui ne sont peut-être plus nouveaux d'un point de vue chronologique, mais qui méritent encore ce qualificatif par l'innovation qu'ils ont incarné par rapport aux protocoles traditionnels d'Internet, fondent sur le modèle client-serveur, posent aux administrateurs de réseaux de nouvelles questions, notamment dans le domaine de la sécurité.

Sécurité des réseaux

Les cinquante prochaines années, selon Alan Cox [6]: Alan Cox est un des principaux développeurs du noyau Linux, qu'il a notamment contribué à doter de la capacité de préemption. Il est intéressant de relever ce qu'il considère comme des facteurs de progrès de la sécurité des systèmes informatiques, en partant de son jugement sur la situation actuelle d'insécurité, qu'il estime insoutenable :

- L'essor des systèmes de vérification de code, et surtout de leur utilisation ;
- L'amélioration des méthodes de développement, avec des langages comme Java qui règlent la majeure partie des problèmes d'allocation mémoire ;
- Une gestion plus fine et plus restrictive de l'attribution des privilèges aux utilisateurs ;
- Les techniques de défense en profondeur se répandent : ainsi, le choix d'adresses aléatoires (ou plutôt imprévisibles) pour l'implantation des objets en mémoire, le verrouillage par le matériel ou par le logiciel de certaines régions de mémoire rendues non exécutables, l'usage de systèmes sécurisés.

Détection et prévention d'intrusion : la vague suivante de produits de sécurité fut celle des systèmes de détection et de prévention d'intrusions, dont le modèle libre est le logiciel *Snort*. Ces logiciels utilisent une base de données de signatures de vers et d'autres logiciels malfaisants, un peu à la manière d'un antivirus, et se sont révélés relativement efficaces contre la grande épidémie de vers des années 2001 à 2004, mais leur vogue décline au fur et à mesure que leur efficacité diminue. La base de signatures de *Snort* contient les descriptions de plus de 3 000 attaques.

VII. Conclusion :

Aucun système d'information n'est sûr à 100% ! Il est impossible de garantir la sécurité totale d'un système pour les raisons suivantes :

- Les bugs dans les programmes courants et les systèmes d'exploitation sont nombreux ;
- La cryptographie a ses faiblesses : les mots de passe peuvent être cassés ;
- Même un système fiable peut être attaqué par des personnes abusant de leurs droits ;
- Plus les mécanismes de sécurité sont stricts, moins ils sont efficaces ;
- On peut s'attaquer aux systèmes de sécurité eux-mêmes.

Pour une machine connectée à un réseau, le problème aujourd'hui n'est plus de savoir si elle va se faire attaquer, mais quand cela va arriver ; une solution possible est alors d'essayer de repousser les risques dans le temps par la mise en œuvre de divers moyens destinés à augmenter le niveau de sécurité.

I. Introduction

Les méthodes de détection d'intrusions utilisées à l'heure actuelle reposent essentiellement sur l'observation d'événements et leur analyse. La collecte d'informations constitue donc la première étape dans tout système de détection d'intrusions. Il s'agit d'une part des informations fournies par le journal système, les journaux propres à certaines applications, mais aussi de données provenant de «sondes» installées par les outils de détection eux mêmes, comme des « sniffers » réseau ou des modules applicatifs spécifiques, permettant d'observer l'utilisation de l'application (URL des documents lus par l'intermédiaire d'un serveur Web, etc.), des modules système permettant de signaler l'exécution de certaines opérations particulières.

Le rôle des outils de détection d'intrusions consiste alors à exploiter cette masse d'informations, appelée audit, de manière à y détecter des événements signalant potentiellement une intrusion.

Deux approches ont été proposées à ce jour dans ce but [20] : l'approche comportementale et l'approche par signatures. La première se base sur l'hypothèse que l'on peut définir un comportement « normal » de l'utilisateur et que toute déviation par rapport à celui-ci est potentiellement suspecte. La seconde s'appuie sur la connaissance des techniques employées par les attaquants : on tire des signatures d'attaque et on recherche dans les traces d'audit leur éventuelle survenue.

Dans ce chapitre nous présentons tout d'abord la notion de système de détection d'intrusions ainsi que son architecture. Nous présentons également la classification des IDS, dans ce cadre plusieurs critères sont prises en compte nous commençons par la classification selon la méthode d'analyse qui découpe les IDS en deux approches (comportementale et par signatures), enfin nous allons mettre le point sur la détection d'intrusions Web.

II. Définition :

Un IDS (*Intrusion Detection System*) est un outil logiciel ou matériel qui permet d'écouter le trafic réseau de façon furtive dans le but de détecter des activités anormales qui pourraient être assimilées à des intrusions définies comme des tentatives pour compromettre la confidentialité, l'intégrité et la disponibilité d'une ressource ou éviter des mécanismes de sécurité de l'ordinateur ou du réseau.

Les IDS traditionnellement suivent deux critères :

- **Fiabilité :** toute intrusion doit effectivement donner lieu à une alerte. Une intrusion non signalée constitue une défaillance de l'IDS, appelée faux négatif. (voir Figure II.1)
- **Pertinence des alertes :** toute alerte doit correspondre à une intrusion effective. Toute « fausse alerte » (appelée également faux positif) diminue la pertinence de l'IDS. (voir Figure II.1)

Un IDS est parfaitement fiable en absence de faux négatif ; il est parfaitement pertinent en l'absence de faux positif.

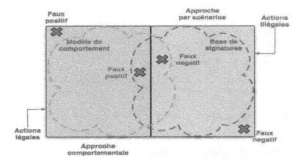

Figure II.1. Problèmes des IDS [27].

Les IDS proposent les fonctions suivantes:

- Détection d'attaques (actives ou passives) ;
- Génération des rapports ;
- Outils de corrélation avec d'autres éléments de l'architecture de sécurité ;
- Réaction aux attaques par le blocage de route ou la fermeture de connexion ;
- Transfert d'activités.

III. Architecture d'un IDS :

Nous décrivons dans cette section les trois composants qui constituent classiquement un système de détection d'intrusions [27]. La Figure II.2 illustre les interactions entre ces trois composants.

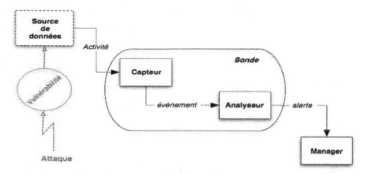

Figure II.2. Architecture classique d'un IDS [27].

III.1. Capteur :

Le capteur observe l'activité du système par le biais d'une source de données et fournit à l'analyseur une séquence d'événements qui renseignent de l'évolution de l'état du système. Le capteur peut se contenter de transmettre directement ces données brutes, mais en général un prétraitement est effectué.

On distingue classiquement trois types de capteurs en fonction des sources de données utilisées pour observer l'activité du système : les capteurs système, les capteurs réseau et les capteurs applicatifs.

III.2. Analyseur :

L'objectif de l'analyseur est de déterminer si le flux d'événements fourni par le capteur contient des éléments caractéristiques d'une activité malveillante.

III.3. Manager :

Le manager collecte les alertes produites par le capteur, les met en forme et les présente à l'opérateur. Éventuellement, le manager est chargé de la réaction à adopter qui peut être :

- Confinement de l'attaque, qui a pour but de limiter les effets de l'attaque ;
- Eradication de l'attaque, qui tente d'arrêter l'attaque ;
- Recouvrement, qui est l'étape de restauration du système dans un état sain ;
- Diagnostic, qui est la phase d'identification du problème.

Du fait du manque de fiabilité des systèmes de détection d'intrusions actuels, les réactions sont rarement automatisées, car elles peuvent se traduire par un déni de service en cas de faux positif.

IV. Méthodes d'analyses :

La technologie des systèmes de détection d'intrusions permet d'analyser les données recueillies de trois façons [29] :

IV.1. Analyse centralisée :

L'IDS possède plusieurs capteurs, il centralise les alertes pour les analyser sur une seule machine. Ce type d'analyse présente l'avantage d'avoir une vue globale sur toutes les machines protégées. Toutefois, il a l'inconvénient d'occupation très longue du réseau pour acheminer l'information.

IV.2. Analyse locale :

Chaque machine dispose d'un capteur et analyse l'information à son niveau. Avec ce type d'analyse le trafic réseau est diminué mais les attaques distribuées peuvent échapper à la détection.

IV.3. Analyse distribuée :

Des petits programmes appelés agents sont déployés sur les nœuds du réseau. Pour les besoins d'analyse un agent est envoyé sur une machine pour traiter l'information.

V. Classification des systèmes de détection d'intrusions :

Plusieurs critères permettent de classer les systèmes de détection d'intrusions, la méthode d'analyse étant le principal. On peut citer aussi d'autres critères de classification des IDS : les sources de données à analyser, le type de réaction, le mode d'utilisation, etc.

V.1. Classification selon la méthode d'analyse :

Deux grandes approches ont été proposées dans la littérature : la détection d'intrusions par signatures et la détection d'intrusions comportementale : l'approche par signatures qui cherche à répondre à la question : "le comportement actuel de l'utilisateur et/ou l'application contient-il une attaque connue ?", tandis que l'approche comportementale cherche à répondre à la question : "le comportement actuel de l'utilisateur et/ou l'application est il cohérent avec son comportement passé ?". Ces deux approches sont opposées mais complémentaires.

V.1.1. Approche par signatures :

L'approche par signatures (Misuse Detection) ressemble beaucoup aux techniques utilisées par l'antivirus, le principe commun à toutes les techniques de cette classe consiste à utiliser une base de données, contenant des spécifications de signatures d'attaques. Le détecteur d'intrusions compare le comportement observé du système à cette base et remonte une alerte si ce comportement correspond à une signature prédéfinie. « Ainsi, tout ce qui n'est pas explicitement défini est autorisé » et tout ce qui est explicitement défini est interdit [34].

Un IDS par signatures se compose :

- D'une ou plusieurs sondes, générant un flux d'événements, qui peuvent être de type réseau ou hôte ;
- D'une base de signatures : le taux de couverture de l'IDS dépend essentiellement de la qualité de la base de données puisque seules les attaques dont la signature est présente dans la base sont susceptibles d'être détectées. Les signatures sont décrites à l'aide de langages de description d'attaques comme les langages mentionnés dans [35] [36]. Les signatures sont la plupart du temps définies par un opérateur bien que des travaux récents permettent la génération automatique des signatures [37] [38].

  La base de signatures doit également être maintenue :

  - Les nouvelles attaques détectées par la communauté doivent être intégrées à la base.
  - Suivant les choix de l'administrateur de sécurité, les signatures qui ne correspondent plus à une possible intrusion peuvent être enlevées de la base.

31

La maintenance de la base de signatures est une tâche importante. Sans maintenance, l'IDS ne peut détecter les nouvelles attaques.

- D'un système de reconnaissance de motifs dans le flux d'événements : il est chargé d'identifier les motifs présents dans la base de signatures, dans le flux d'événements. Différents systèmes de reconnaissance de motifs ont été définis dans la littérature. Cela va de systèmes simples à base de règles ou de correspondances de chaînes de caractères (*string matching*) à des systèmes bien plus complexes à base de systèmes experts ou de modélisation d'états [39] qui peuvent apporter suffisamment d'abstraction pour détecter des attaques inconnues mais qui font partie d'une même classe d'attaques. On pourra consulter la classification d'Axelsson [40] pour plus de détails sur ces systèmes.

Il existe plusieurs mécanismes pour mettre en œuvre cette approche :

- **Analyse par comparaison :** le principe de cette approche *(Pattern Matching)* est de faire correspondre à chaque signature d'attaque un motif *(Pattern)* qui est sous forme d'une chaîne de caractères. Durant l'analyse du flux de données qui est aussi une chaîne de caractères, le système de détection d'intrusions tente de reconnaître les motifs d'attaques déjà connus.

  Le principal inconvénient de cette méthode est que seules les attaques reconnues par les signatures seront détectées, il est donc nécessaire de mettre à jour régulièrement la base de signatures.

  Un autre inconvénient est que les motifs sont en général fixes. Or, une attaque n'est pas toujours identique à 100%, le moindre octet différent par rapport à la signature provoquera la non-détection de l'attaque.

- **Recherche de motifs dynamiques :** le principe de cette méthode est le même que précédemment mais les signatures des attaques évoluent dynamiquement. L'IDS est de ce fait doté de fonctionnalités d'adaptation et d'apprentissage.

- **Détection par inférence :** elle est fondé sur le principe de l'inférence de Bayes [43]. Dans ce modèle, les attaques connues constituent des hypothèses, pouvant expliquer les faits observés. On considère qu'une attaque donnée se traduit par des symptômes, pouvant apparaître sous forme d'événements dans l'audit, mais aussi de données statistiques comme dans le cas de la détection d'anomalies.

Etant donné un ensemble de symptômes, l'inférence bayésienne permet de calculer la probabilité de chaque signature d'attaque connue. Lorsqu'une signature affiche une probabilité élevée, une alerte est levée.

- **Analyse de protocoles :** cette méthode se base sur une vérification de la conformité des flux, ainsi que sur l'observation des champs et paramètres suspects dans les paquets.

L'analyse protocolaire est souvent implémentée par un ensemble de préprocesseurs, où chaque préprocesseur est chargé d'analyser un protocole particulier (FTP, HTTP, ICMP, ...). Du fait de la présence de tous ces préprocesseurs, les performances dans un tel système s'en voient fortement dégradées.

L'intérêt fort de l'analyse protocolaire est qu'elle permet de détecter des attaques inconnues, contrairement au pattern matching qui doit connaître l'attaque pour pouvoir la détecter.

- **Système expert :** technique qui repose sur une base de connaissances et un moteur d'inférence. La base de connaissances est composée elle-même d'une base de règles décrivant les attaques et d'une base de faits contenant les évènements relatifs aux attaques. Durant la phase de détection [52], le moteur d'inférence est capable de détecter les attaques en utilisant la base des connaissances [49].

- **Analyse de transition d'états :** dans cette méthode les attaques sont représentées sous forme d'un ensemble d'états par lesquels passe le système à surveiller. Les états sont définis par des conditions sur les variables du système. Les transactions représentent les actions suivant les évènements qui surviennent.

- **Analyse heuristique :** ce type de détecteur d'intrusions nécessite une maintenance active : puisque par nature il ne peut détecter que les attaques dont les signatures sont dans sa base, cette base doit être régulièrement mise à jour en fonction de la découverte de nouvelles attaques. Aucune nouvelle attaque ne peut par définition être détectée, ce qui implique un taux plus élevé de faux négatifs. Le problème se pose essentiellement pour les attaques très récentes, dont les signatures n'ont pas encore pu être incluses dans la base.

V.1.2. Approche comportementale :

La détection d'intrusions comportementale (*Anomaly Detection*) a été la première approche proposée et développée. Anderson [44] propose de détecter des violations de la politique de sécurité du système en observant le comportement des utilisateurs et en le comparant à un modèle du comportement considéré comme normal, appelé profil.

D'une manière générale, l'approche comportementale comporte deux phases : une phase d'apprentissage où le profil est constitué en observant le comportement de l'entité surveillée et une phase de détection pendant laquelle l'IDS observe le comportement de l'entité, mesure la similarité entre ce dernier et le profil et émet une alerte si la déviation est trop importante.

L'idée principale de cette approche est de considérer toute déviation, toute anomalie dans le comportement comme une intrusion. Cette hypothèse est certainement fausse : des événements ou des comportements rares peuvent tout à fait être légitimes du point de vue de la politique de sécurité du système. Le système est susceptible d'émettre des faux positifs. Tant que le nombre de faux positifs reste suffisamment faible, la méthode peut être valide. Cela conduit à poser deux questions essentielles, dans le domaine de la détection d'intrusions comportementale, sur le caractère correct et complet du modèle de comportement normal. La Figure II.3 représente se caractère.

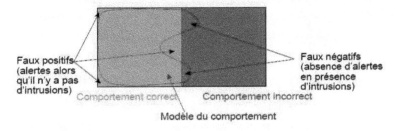

Figure II.3. Caractère complet et correct du modèle de comportement normal [27].

Le modèle de comportement normal est dit correct s'il ne modélise que le comportement légitime, du point de vue de la politique de sécurité, de l'entité surveillée. Toutes les intrusions sont alors détectées par l'IDS : il n'y a pas de faux négatif. L'idéal est d'obtenir un modèle à la fois complet et correct. Le choix de la méthode de modélisation, des attributs à considérer dans les événements observés vont avoir un impact important sur le caractère correct et complet du modèle.

Plusieurs méthodes de modélisation ont été proposées pour établir le profil de l'entité surveillée:

- **Modèles statistiques :** dans cette méthode, le profil est établi en observant la valeur de certains paramètres du système considéré comme des variables aléatoires. Pour chaque paramètre du système, un modèle statistique est utilisé pour établir la distribution de la variable aléatoire correspondante. Une fois le modèle établi, un vecteur distance est calculé entre le flux d'événements observés et le profil. Si la distance dépasse un certain seuil, une alerte est émise. Classiquement, la détection d'une anomalie repose sur un modèle statistique du comportement des utilisateurs. Denning a ainsi identifié trois familles de modèles statistiques [45] :
  - Les modèles simples utilisant des seuils sur des variables. Ces variables peuvent correspondre à la fréquence d'apparition d'un événement ;
  - Les modèles utilisant les moments statistiques (moyenne, écart-type…). Ils reposent sur l'hypothèse que le comportement « normal » d'un utilisateur peut être modélisé par une loi statistique, ce qui n'est pas toujours le cas ;
  - Les modèles dérivés du modèle de Markov. Les événements ne sont alors plus considérés indépendamment les uns des autres mais en séquence.

  Parmi les modèles utilisant les moments statistiques, on peut citer le travail réalisé dans [16], dans ce travail, les auteurs ont développé un algorithme pour détecter des attaques de type SYN Flooding à partir d'une trace de trafic ayant les mêmes caractéristiques que celles pouvant être collectées sur le réseau de transit de France-Télécom. L'algorithme proposé utilise une méthode statistique de détection de ruptures adaptée à la présence de données censurées développée dans [17]. L'algorithme fournit en temps réel les périodes où les attaques se produisent ainsi que les adresses IP concernées (attaquantes et attaquées).

  Le modèle statistique présente des avantages ainsi que des inconvénients :
  - **Avantages :**
    - ✓ Permet de détecter des attaques inconnues.
    - ✓ Habitudes des utilisateurs apprises automatiquement.

- ▪ **Inconvénients :**
  - ✓ Difficulté de construire un modèle universel.
  - ✓ Complexité en termes de maintenance.
- • **Approche probabiliste :** dans cette approche la construction des profils se base sur la probabilité qu'un évènement ait lieu par rapport à une séquence d'autres évènements. Toute activité ne respectant pas le modèle probabiliste provoquera la génération d'une alerte.

Malgré les avantages suivantes, il existe des inconvénients :

- ▪ **Avantages :**
  - ✓ Construction du profil simple et dynamique.
  - ✓ Réduction de faux positifs.
- ▪ **Inconvénients :**
  - ✓ Risque de déformation progressive du profil par des attaques répétées.
  - ✓ Mise en place d'un mécanisme d'observation du profil.
- • **Systèmes experts :** le profil est établi en observant le flux d'événements pour en déduire un certain nombre de règles qui décrivent le comportement normal du système. Pendant la phase de détection, le système applique les règles au flux d'événements et vérifie si ce flux d'événements respecte ou non les règles apprises.
- • **Réseaux de neurones :** le principe repose sur le fait que chaque utilisateur peut être identifié à son comportement. Le profil associé à chaque utilisateur reflète donc ces informations dans le cadre d'une utilisation « normale », c'est-à-dire légitime.

Il est possible de représenter efficacement ce profil par un réseau de neurones, conçu pour reconnaître des suites d'opérations caractéristiques de l'utilisateur. Le réseau enregistre les opérations de l'utilisateur durant une fenêtre temporelle donnée, puis tente de prédire la prochaine opération. Un échec de prédiction correspond ainsi à une déviation par rapport au profil et donne potentiellement lieu à une alerte.

La détection par réseaux de neurones a été largement développée et testée dans les années 80 et 90 [46], mais la plupart des projets se sont soldés par des échecs. Néanmoins, cette méthode fait actuellement l'objet de nouvelles recherches, avec quelques résultats prometteurs.

Les réseaux de neurones ont des avantages et des inconvénients :
- **Avantages :** adaptés pour la détection :
  - ✓ Chevaux de Troie ;
  - ✓ Détournement d'identité ;
  - ✓ Contournement d'identification.
- **Inconvénients :** mise en œuvre :
  - ✓ Construction du réseau.
  - ✓ Paramétrage du réseau.
  - ✓ Complexité.
  - ✓ Problèmes spécifiques liées aux réseaux de neurones.

- **Approche Immunologique :** cette méthode a été proposée par Forrest et al. [47] et vise à détecter les comportements anormaux d'applications en observant les séquences d'appels système qu'effectue l'application surveillée.

  Pendant la phase d'apprentissage, toutes les séquences d'appels système d'une taille donnée sont stockées dans une base de séquences et constitue le profil. Lors de la phase de détection, une alerte est émise lorsqu'une séquence d'appels système effectués par l'application n'est pas présente dans la base de séquences.

  L'approche immunologique a des avantages et des inconvénients :
  - **Avantages :**
    - ✓ Capacités de détecter de nouvelles attaques.
    - ✓ Besoin de peu de maintenance.
  - **Inconvénients :**
    - ✓ Risque d'attaques lors de la construction des profils.
    - ✓ Pas adapté au changement d'entité modélisée.
    - ✓ Evolution des profils au cours du temps peut être vu comme une faille.

L'avantage majeur de l'approche comportementale par rapport à l'approche par signatures est de ne pas chercher à caractériser les intrusions mais le comportement attendu du système et donc de pouvoir détecter des intrusions inconnues.

De manière générale, les IDS sont fondés sur cette approche sont fiables car une intrusion génère souvent une anomalie dans le comportement observé. Par contre, ces

IDS sont, généralement, peu pertinents. Il y a relativement peu d'études de performances des IDS comportementaux en termes de faux positifs.

De plus, la phase d'apprentissage présente quelques problèmes : pour la plupart des méthodes de modélisation, il faut s'assurer que la base d'apprentissage soit exempte d'intrusions. Dans le cas contraire, l'IDS risquerait d'apprendre des comportements intrusifs et ne serait donc pas capable de les détecter ensuite. Le comportement de l'entité surveillée peut également évoluer au cours du temps, il est possible de modifier le profil pendant la phase de détection pour que ce dernier représente toujours le plus fidèlement possible le comportement de l'entité. Dans ce cas, le système peut apprendre progressivement des comportements intrusifs introduits par un attaquant.

La Figure II.4 montre les différentes étapes de fonctionnement d'un IDS dans les deux approches :

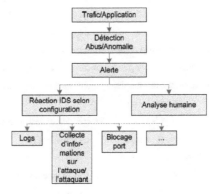

Figure II.4. Fonctionnement d'un IDS [24].

V.1.3. Approche hybride :

L'approche hybride est une approche qui combine les deux approches (l'approche comportementale et l'approche par signatures). Dans un premier lieu l'approche comportementale cherche à trouver de possibles intrusions ensuite ces dernières sont passées à l'approche par signatures pour la mise à jour de sa base.

V.2. Classification selon le type de ressources analysées :

Les sources possibles de données à analyser sont une caractéristique essentielle des systèmes de détection d'intrusions. Les données proviennent soit de fichier généré par le système d'exploitation, soit de fichier généré par des applications soit encore d'informations obtenues en écoutant le trafic réseau.

V.2.1. Sondes réseau :

Les sondes réseau (NIDS : *Network based IDS*) récoltent tout événement matérialisé sur le réseau. Ces événements sont soit à l'état brut (non encore interprétés), soit qu'ils ont déjà traversé quelques nœuds (routeurs, commutateurs, pare-feu, points d'accès, etc.) avant d'arriver à la sonde. L'avantage avec ce type de sondes est que l'analyse peut être effectuée sur un système dédié sans affecter les performances du réseau surveillé. Cependant, avec l'augmentation des débits (on parle aujourd'hui de quelques Gigabits par seconde) l'analyse en temps réel devient de plus en plus difficile à cause du grand volume de données récoltées. L'autre complication pour les sondes réseau est l'utilisation des protocoles cryptographiques, ce qui empêche l'analyse du contenu. La Figure II.5 représente un exemple d'un NIDS :

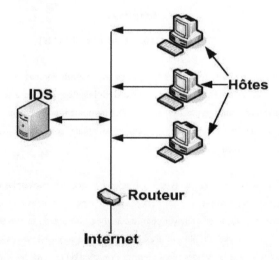

Figure II.5. Exemple de NIDS [29].

39

V.2.2. Sondes systèmes :

Les sondes système (HIDS : *Host based IDS*) se greffent sur les systèmes surveillés et récoltent seulement les événements matérialisés sur ces systèmes. Ces événements proviennent principalement du noyau et des modules du système d'exploitation. (Voir l'exemple d'un HIDS sur la Figure II.6).

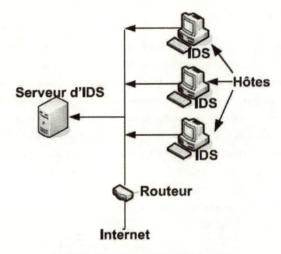

Figure II.6. Exemple de HIDS [29].

Ces IDS utilisent deux types de sources pour fournir une information sur l'activité : les logs et les traces d'audit du système d'exploitation. Chacun a ses avantages : les traces d'audit sont plus précises, détaillées et fournissent une meilleure information ; les logs, qui ne fournissent que l'information essentielle, sont plus petits et peuvent être mieux analysés en raison de leur taille.

L'inconvénient avec ce type de sondes est que les performances des systèmes surveillés sont affectées (ce qui n'est pas le cas avec des sondes réseau). Cette perte en performances est le prix à payer pour une analyse plus précise et plus fine sur les appels systèmes du noyau. En plus, on n'est plus confronté au problème des données chiffrées auquel font face les sondes réseau puisqu'au niveau du système les événements ne sont pas chiffrés.

Système de détection d'intrusions

V.2.3. Sondes noyau :

Les sondes noyau (KIDS : *Kernel based IDS*) qui permettent de détecter toutes tentatives d'intrusions au niveau du noyau, mais ils sont moins utilisés.

V.2.4. Systèmes de détection d'intrusions hybrides :

Généralement utilisés dans un environnement décentralisé, ils permettent de réunir les informations de diverses sondes placées sur le réseau. Leur appellation hybride provient du fait qu'ils sont capables de réunir aussi bien des informations provenant d'un système HIDS qu'un NIDS.

V.2.5. Sondes applicatives :

Les sondes applicatives (AIDS : *Application based IDS*) surveillent les journaux spécifiques des applications indépendamment du système sur lequel elles se trouvent. L'avantage est qu'on est à un niveau où plusieurs événements élémentaires sont regroupés ensemble pour former « un plus gros » événement qui est sémantiquement plus riche.

V.2.6. IDS basé sur la pile :

Les systèmes de détection d'intrusion basés sur une pile (SBIDS pour *Stack-Based IDS*), travaillent étroitement avec la pile TCP/IP, octroient la consultation des paquets lorsqu'ils montent à travers les couches OSI et permettent ainsi à l'IDS de retirer les paquets de la pile avant que le système d'exploitation ou l'application n'ait eu la possibilité d'élaborer la charge virale. L'IDS basé sur une pile peut être efficace contre certaines formes de chiffrement en retraçant les paquets après qu'ils aient été déchiffrés par la pile TCP/IP [24].

V.3. Classification par type de réaction :

De toute évidence, un détecteur d'intrusions qui ne réagit pas ne sert pas à grand chose. Le minimum que doit assurer un tel outil lorsqu'il détecte une attaque est de consigner cette information dans un journal. Après, si on a plus d'ambition, on peut espérer qu'il riposte aux attaques et qu'il identifie et localise de façon précise et complète l'intrus. On distingue alors deux types de détecteurs d'intrusions: passifs et actifs.

V.3.1. Détecteurs d'intrusions passifs :

Les systèmes de détection d'intrusions passifs (IDS) sont seulement par rapport aux attaques. Cela dit, ils peuvent effectuer plusieurs opérations de façon active comme récolter des informations sur l'attaquant, alerter l'administrateur en lui envoyant un courrier électronique, produire un rapport sur les attaques détectées, etc.

V.3.2. Détecteurs d'intrusions actifs :

Ont pour objectif d'empêcher (dans la mesure du possible) le succès d'une attaque ou du moins de limiter son impact. Le terme IPS *(Intrusion Prevention Systems)* est de plus en plus utilisé, dans la presse spécialisée et par les services commerciaux des compagnies œuvrant dans ce domaine, pour designer les détecteurs d'intrusions actifs. Par opposition aux détecteurs d'intrusions passifs, les détecteurs actifs peuvent changer la configuration des systèmes ou du réseau. Ainsi, les réponses peuvent aller de la simple déconnexion de l'intrus, l'arrêt d'un processus : le verrouillage d'un compte utilisateur, jusqu'au changement des règles de filtrage d'un pare-feu ou même des règles de routage d'un routeur (voir Figure II.7). Pour plus d'efficacité, les IPS sont généralement positionnés en coupure dans l'architecture du réseau (comme un pare-feu).

Un IPS possède de nombreux inconvénients. Le premier est qu'il bloque toute activité qui lui semble suspecte. Or, il est impossible d'assurer une fiabilité à 100% dans l'identification des attaques. Les faux positifs sont donc très dangereux pour les IPS. Le deuxième inconvénient est qu'un pirate peut utiliser sa fonctionnalité de blocage pour mettre hors service un système. Et enfin, le troisième inconvénient et non le moindre : un IPS est peu discret. En effet, à chaque blocage d'attaque, il montre sa présence. Cela peut paraître anodin, mais si un pirate remarque la présence d'un IPS, il tentera de trouver une faille dans celui-ci afin de réintégrer son attaque, mais cette fois en passant inaperçu.

Voilà pourquoi les IDS passifs sont souvent préférés aux IPS. Cependant, il est intéressant de noter que plusieurs IDS ont été dotés d'une fonctionnalité de réaction automatique à certains types d'attaques.

Système de détection d'intrusions

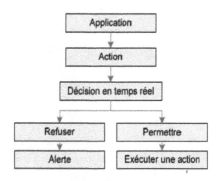

Figure II.7. Fonctionnement d'un IPS [28].

Enfin, il est possible d'unir ces deux méthodes pour obtenir un système hybride comme le système de la Figure II.8.

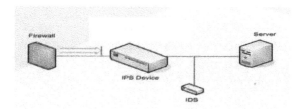

Figure II.8. Exemple d'un système hybride [28].

V.4. Classification par mode d'utilisation :

Selon les besoins, on peut choisir le mode d'utilisation d'un détecteur d'intrusions.

V.4.1. Analyse en temps réel :

L'analyse en temps réel (*online*) est une analyse effectuée « au fur et à mesure de la réception des événements » [50]. Le principal avantage est que les alertes sont lancées dès que les attaques sont détectées. Cet état de veille coute cher en termes de ressources et nécessite des algorithmes plus complexes que ceux d'une analyse en différé.

V.4.2. Analyse en différé :

L'analyse en différé (*offline*) est une analyse effectuée sur des données stockées (non fraîches). Vu le caractère non-pressant de ce type d'analyse (à tête reposée), les algorithmes sont plus simples, sauf que la détection des attaques se fait après coup et nécessite le stockage des événements avant leur analyse.

VI. Détection d'intrusions Web :

Les serveurs Web sont un environnement de test intéressant pour la détection d'intrusions, d'une part, par leur importance et par l'universalité du protocole HTTP et d'autre part, par le nombre de vulnérabilités les frappant.

Les serveurs Web sont la vitrine des entreprises, associations, états, voir des individus par l'intermédiaire des blogs sur Internet. Ils sont, dans certains cas, une source de revenus importants (commerce en ligne par exemple). De plus en plus d'applications Web sont déployées sur Internet.

Les outils de détection d'intrusions utilisés pour détecter les attaques contre les serveurs Web utilisent principalement une approche par signatures bien que des approches comportementales soient apparues récemment. Nous allons donc présenter les différents IDS spécifiques au Web suivant leur approche de détection.

VI.1. Approche par signatures :

Les IDS par signatures spécifiques au Web sont pour la plupart des HIDS au niveau applicatif. Ils évitent certains écueils des NIDS : reconstruction des paquets, perte de paquets en cas de charge, vulnérabilité aux techniques d'évasion, gestion de la cryptographie, etc. La plupart de ces outils utilisent les fichiers d'audit des serveurs Web comme source d'événements.

Almgren et al. [51] ont proposé également un système analysant les logs générés par le serveur Web, recherchant des motifs qui correspondent à des attaques connues. L'analyse peut se réaliser en temps réel et n'affecte pas les performances du serveur Web. Ce système est également capable d'apprendre de nouvelles attaques en surveillant plus particulièrement les activités des clients considérés comme suspects.

Système de détection d'intrusions

Un autre système WebSTAT [52] utilise un langage de haut-niveau pour décrire les attaques en termes d'états et de transitions. La détection d'intrusions se fait en temps réel et plusieurs autres sources d'événements peuvent être utilisées.

Almgren et Lundqvist [53] ont proposé un système de détection d'intrusions intégré à un serveur Apache. L'avantage de cette solution réside dans sa capacité à détecter les intrusions à différents stades du traitement de la requête.

L'IDS présenté ci-dessus est à rapprocher de ModSecurity [54] qui est un module pour Apache permettant d'écrire des règles pour détecter, bloquer et modifier les requêtes parvenant au serveur Apache.

VI.2. Approche comportementale :

Bien que les approches par signatures soient effectives, elles posent certains problèmes. La plupart des applications Web sont spécifiques et sont développées rapidement sans souci de sécurité particulier. Il est difficile d'écrire des signatures pour ces applications car il n'y a pas forcément de caractéristiques communes. L'approche comportementale semble ici adaptée à la nature des vulnérabilités.

Breach Security propose un produit nommé *WebDefend* [55] qui modélise le trafic normal à destination et en provenance des applications Web protégées et ensuite capable de bloquer les attaques.

Kruegel et al. [56] [57] ont proposé le premier IDS comportementale spécifique aux serveurs Web. Il utilise les fichiers d'audit comme source d'événements. Il ne traite cependant que les requêtes de type GET comportant des paramètres et se concentre donc sur la détection d'attaques contre les scripts CGI.

Robertson et al. [58] présentent une amélioration des travaux précédents en ajoutant à la détection d'anomalies deux composants : un composant permettant la génération de signatures d'alertes et groupant les alertes suivant les signatures et un composant permettant d'identifier les anomalies suivant des heuristiques.

45

Valeur et al. [59] proposent également une amélioration des travaux de Kruegel et Vigna [36]. Leur approche permet de limiter l'influence des faux positifs dans un reverse proxy qui redirige les requêtes HTTP anormales vers un serveur Web ayant un accès plus restreint aux parties critiques du site.

Ingham et al. [60] proposent également une méthode portant sur toute la requête HTTP. Après l'application de certaines heuristiques, ils modélisent les requêtes HTTP grâce à des automates à états finis déterministes.

VI.3. Approche hybride :

Une approche hybride a été proposée par Tombini et al. [48] [49]. Cette approche consiste en la sérialisation d'un IDS comportementale suivi d'un IDS par signatures. L'IDS comportementale permet de filtrer les requêtes normales et ainsi seules les requêtes détectées comme anormales sont passées à l'IDS par signatures. Bien que l'IDS comportementale utilisé soit simple, ceci permet de réduire le nombre de faux positifs générés globalement. La source d'entrées est le fichier d'audit du serveur Web. Cet IDS est donc soumis aux mêmes problèmes que les autres utilisant cette source de données.

VII. Conclusion :

La plupart des IDS sont fiables, ce qui explique qu'ils sont souvent intégrés dans les solutions de sécurité. Les avantages qu'ils présentent face aux autres outils de sécurités les favorisent, mais d'un autre côté cela n'empêche pas que les meilleurs IDS présentent aussi des lacunes et quelques inconvénients. Nous comprenons donc bien qu'ils sont nécessaires mais ne peuvent pas se passer de l'utilisation d'autres outils de sécurité visant à combler leurs défauts.

I. Introduction :

Ce chapitre présente la description de notre solution proposée dans le cadre de ce travail, cette dernière comprend deux étapes. La première étape consiste à décrire la réalisation en détail de notre application Web (boutique en ligne) en utilisant le paradigme MVC2 à travers la version 2 du Framework Struts. La deuxième étape consiste à sécuriser l'application Web réalisée on se basant sur l'approche comportementale des IDS.

Nous avons également utilisé l'approche par signatures dont l'objectif est de faire une comparaison entre cette dernière et l'approche comportementale.

II. Outils de réalisation:

Dans cette partie nous allons présenter les principaux outils utilisés pour la mise en place de notre application.

La réalisation de cette application a été faite sous la plateforme Java on se basant sur le Framework Struts2 avec l'utilisation de MYSQL comme serveur de base de données.

II.1. Choix de langage de programmation Java :

Les modules conçus ont été réalisés sous Java dont les principales vertus, sont résumées dans les points suivants :

- Java est un langage orienté objet : il est centré complètement sur les objets et fournit un ensemble prédéfini de classes facilitant la manipulation des entrées-sorties, de la programmation réseaux et de l'interface utilisateur.
- Le langage Java est distribué : il est conçu pour développer des applications en réseau, les manipulations des objets distants ou locaux se font de la même manière.
- Sécurité : la sécurité dans Java est un aspect primordial, il ne supprime pas tous les problèmes de sécurité mais les réduits fortement.
- Le langage Java est portable : un système de détection d'intrusions ne doit ni dépendre de l'architecture matérielle, ni du système d'exploitation.

Nous avons utilisé un éditeur de Java appelé NetBeans version 6.9.1 qui est placé en open source par Sun en juin 2000 sous licence CDDL (*Common Development and Distribution License*). En plus de Java, NetBeans permet également de supporter différents langages, comme Python, C, C++, XML et HTML. Il comprend toutes les caractéristiques d'un IDE moderne (éditeur en couleur, projets multi-langage, refactoring, éditeur graphique d'interfaces et de pages Web).

II.2. Choix du Framework Struts2 :

Le Framework Web Apache Struts est un logiciel gratuit open-source pour créer des applications Web Java basées sur JSP (*Java Server Pages*).

Struts2 implémente le modèle d'architecture dit MVC2 (Modèle - Vue - Contrôleur), il permet notamment de séparer la partie modèle (programmation, traitement des informations) de la partie présentation (affichage). Le modèle représente le code métier ou la base de données, la vue représente le code de conception de pages et le contrôleur représente le code de navigation (servlet unique).

La Figure III.1 schématise l'architecture de Struts2 :

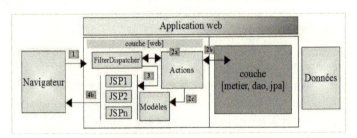

Figure III.1. Architecture de Struts2 [64].

Le traitement d'une demande d'un client se déroule de la façon suivante :
Les URL demandées sont de la forme *http://machine:port/contexte/rep1/rep2/.../Action*.
Le chemin doit correspondre à une action définie dans un fichier de configuration de Struts2, sinon elle est refusée. Une action est définie dans un fichier XML sous la forme suivante :

Implémentation de l'application Web

```
<package name="actions" namespace="/actions" extends="struts-default">
 <action name="Action1" class="actions.Action1">
 <result name="true">Page1.jsp</result>
 <result name="false">Page2.jsp</result>
 </action>
</package>
```

Supposons qu'une URL soit demandée. Les étapes suivantes sont alors exécutées :

- Demande : le client navigateur fait une demande au contrôleur [FilterDispatcher]. Celui-ci voit passer toutes les demandes des clients. C'est la porte d'entrée de l'application. C'est le C de MVC.

- Traitement : le contrôleur C consulte son fichier de configuration et découvre que l'action *actions/Action1* existe, il instancie [2a] une classe de type [*actions.Action1*], si l'URL demandée est accompagnée alors le contrôleur C affecte ces paramètres à la classe, le contrôleur C demande à la méthode [*String execute()*] de la classe [*actions.Action1*] de s'exécuter, une fois la demande du client traitée, celle-ci peut appeler diverses réponses, la méthode *execute()* rend au contrôleur C un résultat de type chaîne de caractères appelée clef de navigation, la méthode *execute()* va également mettre à jour le modèle M [2c] que va exploiter la page JSP qui va être envoyée en réponse à l'utilisateur.

- Réponse : le contrôleur C demande à la page JSP correspondant à la clef de navigation de s'afficher [3]. C'est la vue, le V de MVC. La page JSP utilise un modèle M pour initialiser les parties dynamiques de la réponse qu'elle doit envoyer au client.

II.3. Choix de MySQL :

MySQL est un serveur de bases de données relationnelles open-source qui stocke les données dans des tables séparées plutôt que de tout rassembler dans une seule table. Cela améliore la rapidité et la souplesse de l'ensemble. Les tables sont reliées par des relations définies, qui rendent possible la combinaison de données entre plusieurs tables durant une requête. Le SQL (*Structured Query Language*) : le langage standard pour les traitements de bases de données [62].

On a choisi EasyPHP comme outil pour créer la base de données qui constitue le langage intermédiaire entre cette base et l'utilisateur de la base.

Implémentation de l'application Web

Notre base de données contient les tables suivantes :

- Achat (id, pseudo, modèle, type, prix, quantité, prixtotal, somme, date).
- Client (pseudo, nom, prénom, adresse, pays, email, motdepasse, confirmationdemotdepasse, connexion, type, nbredefois, classement, durée, promotion, prixmoyen, fréqunce, date, datecnx, datedécnx) ;
- Compte (ncompte, nom, prénom, pseudo, solde) ;
- Historiques (id, pseudo, modele, type, prix, quantité, prixtotal, somme, date) ;
- Panier (id, modele, image, type, prix, quantité, prixtotal, somme, pseudo, numcompte, date) ;
- Produit (modele, image, marque, couleurprincipale, couleursecondaire, couleurs, type, musculetravaille, usage, poids, pliable, garantie, prix, poidsmaxuti, dimentionnement, id, ancienprix, jour, detail, quantité, mois, annee, imgm, imgg, zoom, exercices, specification, moteur, inclination, console, amorti, contrôle, confort, avantages, maintenance) ;
- Classe1 (id, pseudo) (il existe 24 classes comme cette forme) ;
- Attaque comportementale (id, pseudo, classeancienne, classenouvelle) ;
- Faux positifs (id, pseudo, classeancienne, classenouvelle) ;
- Signatures (id, attaque, duréemin, duréemax, prixmin, prixmax) ;
- Attaque par signatures (id, pseudo, attaque).

III. Réalisation de l'application Web :

III.1. Définition de e-Commerce :

On appelle « Commerce électronique » (ou e-Commerce) l'utilisation d'un média électronique pour la réalisation de transactions commerciales. La plupart du temps il s'agit de la vente de produits à travers le réseau Internet. Le e-Commerce ne se limite pas à la seule vente en ligne, mais englobe également :

- La réalisation de devis en ligne ;
- Le conseil aux utilisateurs ;
- La mise à disposition d'un catalogue électronique ;
- Un plan d'accès aux points de vente ;
- La gestion en temps réel de la disponibilité des produits (stocks) ;
- Le paiement en ligne ;

- Le suivi de la livraison ;
- Le service après-vente.

Pour les services et produits électroniques, le commerce électronique permet de disposer de son achat dans un temps très court voir instantané.

Un système de e-Commerce permet au commerçant en ligne d'organiser son offre en ligne, de modifier les prix, d'ajouter ou de retirer des références de produits ainsi que d'administrer et de gérer les commandes des clients.

III.2. Description de boutique en ligne :

La boutique en ligne réalisée est sous le nom de SportBoutique, elle propose une sélection de matériaux et d'appareils sportifs, elle contient les éléments suivants :

- Un catalogue électronique en ligne, présentant l'ensemble des produits disponible à la vente ;
- Un moteur de recherche permettant de trouver facilement un produit à l'aide de critères de recherche (marque, gamme de prix, mot clé) ;
- Le conseil aux utilisateurs ;
- Le service après-vente ;
- Le guide d'achat ;
- Un système de caddie virtuel (appelé parfois panier virtuel) : il s'agit du cœur du système de e-commerce. Le caddie virtuel permet de conserver la trace des achats du client tout au long de son parcours et de modifier les quantités pour chaque référence ;
- Le paiement sécurisé en ligne (*accounting*) est souvent assuré par un tiers de confiance (une banque) via une transaction sécurisée ;
- Le suivi de la livraison.

La Figure III.2 présente la page d'accueil de SportBoutique :

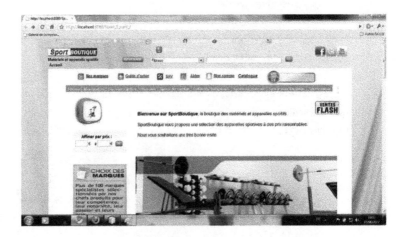

Figure III.2. Page d'accueil de SportBoutique.

A travers une boutique en ligne et comme dans un magasin réel, on peut choisir et payer des articles. Pour acheter dans SportBoutique, il suffit le plus souvent de cliquer sur les produits sélectionnés puis de les ajouter dans un panier d'achat virtuel. L'acheteur (qui est obligatoirement un client) peut ensuite remplir un bon de commande et payer à l'aide d'une carte bancaire ou d'un autre moyen de paiement autorisé par SportBoutique. La commande est livrée en fonction du choix du client et selon les modalités définies par la boutique.

Cette première figure présente les détails d'un produit sélectionné :

Figure III.3. Détails d'un produit.

Si le client décide d'acheter ce produit, il va l'ajouter au caddie virtuel (panier) comme il est montré dans la figure suivante :

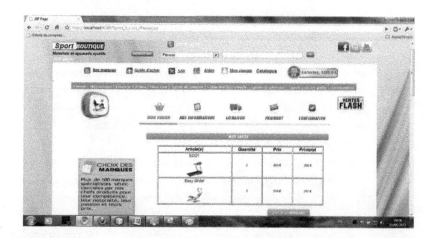

Figure III.4. Caddie virtuel.

53

IV. Sécurisé l'application Web:

IV.1. IDS de détection d'anomalies :

Afin d'éviter les utilisations malveillantes de l'application Web réalisée, il faut développer un système capable de détecter et d'identifier les intrusions. Pour éviter les tâches fastidieuses de mise à jour de la base des modèles d'intrusions, notre système doit pouvoir s'adapter de manière autonome pour intégrer dynamiquement la détection de nouvelles intrusions en se basant sur l'approche comportementale qui comporte deux phases :

- Une phase d'apprentissage qui déroule pendant 30 connexions à l'application Web pour chaque client et donc on aura deux types de client : un ancien client qui a son nombre de connexions à l'application Web est au moins égal à 31 et un nouveau client qui a son nombre de connexions à l'application Web est inférieur ou égal à 30. La phase d'apprentissage permet de déterminer le profil qui est dans notre cas la classe du client surveillé.

- Une phase de détection pendant laquelle l'IDS observe le comportement du client (c'est-à-dire sa classe), mesure la similarité entre ce dernier et le profil et émet une alerte si la déviation dépasse un seuil prédéterminé.

IV.1.1. Phase d'apprentissage :

Le principe repose sur le fait que chaque utilisateur peut être identifié par son comportement (profil). Pour chaque nouveau client, le système enregistre ses opérations durant une fenêtre temporelle donnée correspondant en fait à un certain nombre de connexions à l'application Web (on va suivre le client pendant 30 connexions).

La classification des clients est faite par rapport aux critères suivants : temps de connexion, prix moyen d'achat, fréquence d'achat, s'il a l'habitude d'acheter des produits en promotion ou non ?

- Temps de connexion T : représente la moyenne des temps de connexions d'un client, trois choix sont possibles, T1 s'il ne dépasse pas une demi-heure (30 mn), T2 s'il est entre une demi-heure et une heure (entre 30 et 60 mn) et T3 s'il est supérieur à une heure (dépasse 60 mn).

- Prix moyen d'achat P : deux choix sont possibles, P1 si le prix est inferieur à 3000 € et P2 si le prix est supérieur à 3000 €.

- Fréquence d'achat F: on trouve 2 choix, F1 si le client ne dépasse pas en moyenne 10 produits achetés et F2 s'il achète en moyenne plus de 10 produits.
- Promotion Pro : deux choix sont possibles, Pro1 si le client a l'habitude d'acheter des produits qui sont en promotion et Pro2 sinon.

Ces quatre critères donnent naissance à vingt quatre classes différentes, chaque client va être classé après 30 connexions à l'application Web (après la phase d'apprentissage) dans la classe correspondante parmi les classes créées, cette classe reflète donc ses informations dans le cadre d'une utilisation « normale », c'est-à-dire légitime.

La Figure III.5 montre les différentes classes possibles pour un client.

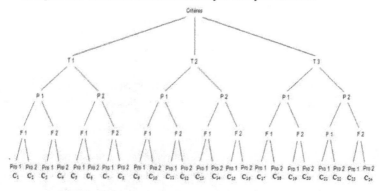

Figure III.5. Classification d'un client en fonctions des 4 critères.

La figure III.6 montre une table de notre BDD avant la classification d'un client.

Pseudo	Motdepasse	Confirmationdemotdepasse	Connexion	type	nbredefois	classement	durée	promotion	prixmoyen	fréquence
souma	soumarsd	soumarsd	0	0	30	-1	28	0	2500	8

Figure III.6. Exemple d'une table client avant la classification.

Le champ type à deux valeurs possible : 0 veut dire que le client est encore nouveau (il a fait moins de 31 connexions), 1 veut dire que le client est ancien (il a fait plus de 30 connexions), le champ nbredefois présente le nombre de connexions tant dit que le champ classement indique la classe du client, si classement vaut -1 ça veut dire que notre client n'est pas encore classé.

Lorsque le même client a fait une nouvelle connexion, la table client sera modifiée comme indiqué dans la Figure III.7.

Pseudo	Motdepasse	Confirmationdemotdepasse	Connexion	type	nbredefois	classement	durée	promotion	prixmoyen	fréquence
souma	soumarsd	soumarsd	0	1	31	1	28	0	2500	8

Figure III.7. Table précédente après la classification.

Le nombre de connexion est incrémenté (31), le type devient 1 (ancien client), le classement est modifié à 1 (selon les critères du client) et le client est inséré dans sa classe.

Ici, le client à un temps moyen de connexions qui ne dépasse pas 30 mn, son prix moyen d'achat est inférieur à 3000 €, il a une fréquence d'achat moins de 10 produits et il n'achète pas des produits qui sont en promotion (T1, P1, F1 et Pro1).

IV.1.2. Phase de détection :

Cette phase est valable uniquement pour les anciens clients (qui ont été déjà classés) alors si l'un de ces clients vient de se connecter une nouvelle fois, l'IDS va le suivre pour récupérer ses critères (temps de connexion, prix d'achat, fréquence d'achat et s'il est intéressé par les produits en promotion ou pas) afin d'obtenir son nouveau comportement (sa nouvelle classe), pour enfin mesurer la similarité entre son comportement et son profil déterminé dans la phase d'apprentissage.

Alors si la nouvelle classe est différente de la classe déterminée, l'IDS va voir si l'une des deux classe est sous la forme C_{2i+1} tant dis que l'autre est sous la forme C_{2i+2} (deux classes adjacentes qui se diffèrent uniquement par rapport au critère Pro) alors dans ce cas, l'IDS ne détecte pas d'attaque malgré le changement de classe qui est uniquement basé sur le dernier critère qui est la promotion Pro. Dans le cas contraire, l'IDS considère le changement de classe comme attaque.

La Figure III.8 illustre un ensemble d'attaques détectées par notre système de détection :

id	Pseudo	Classeancienne	Classenouvelle
1	sourour	3	8
2	mina	2	5
3	souma	1	8
4	zinouba	21	24
5	hichamsic	23	12

Figure III.8. Table attaque comportementale.

Après la détection d'attaque notre système va bloquer le client c'est-à-dire que ce dernier ne peut pas poursuivre ses achats et finir son rôle par l'affichage d'un message d'alerte comme le montre la fenêtre de la Figure III.9.

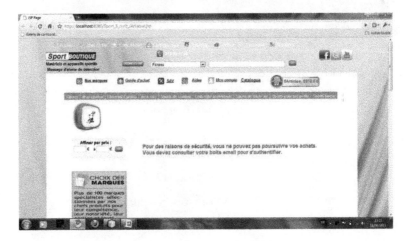

Figure III.9. Message d'alerte corresponds à la détection.

IV.1.3. Les faux positifs :

Le choix de la taille de la fenêtre temporelle qui est dans notre cas le nombre de connexions est une importante variable d'ajustement : une fenêtre plus courte limite dans les faits le champ d'action du client, en limitant considérablement ses comportements possibles, ce qui tend à générer de fréquents faux-positifs.

Pour minimiser les faux positifs, on va utiliser un seuil qui est égal à 25% (0,25). Ce seuil représente la valeur max tolérée d'un changement de profil pour un utilisateur donné par rapport à son propre profil pour parler d'un faux positif. Si le seuil est dépassé, il s'agit d'une attaque.

Si par exemple un client donné a fait un changement de profil de la classe 4 tels que le temps moyen de connexions à l'application Web est égale à 29 mn, le prix moyen d'achat est égale à 2500 €, la fréquence moyenne d'achat est égale à 12 et il n'achète pas de produits qui sont en promotion vers la classe 6 où les critères sont : le temps de connexion à l'application Web vaut 29 mn, le prix d'achat est de 4500 €, la fréquence d'achat est égale à 9 et il n'a pas acheter de produits qui sont en promotion alors la

valeur de changement (Val) est calculée comme suit :

$$Val1 = \frac{|29 - 29|}{29} = 0 .$$

$$Val2 = \frac{|4500 - 2500|}{4500} = 0 .44.$$

$$Val3 = \frac{|9 - 12|}{12} = 0.33.$$

Val4 = 0 (car il ya pas de changement de critère promotion sinon Val4 vaut 1).

Val = (Val1+ Val2 + Val3 + Val4) / 4

= (0 + 0.44 + 0.33 + 0) / 4

= 0.19.

Puisque Val est égal à 0.19 (< 0.25) donc ici on parle de faux positif malgré le changement de classe de C4 à C6.

La Figure III.10 montre la variation de faux positifs en fonction de nombre d'attaques :

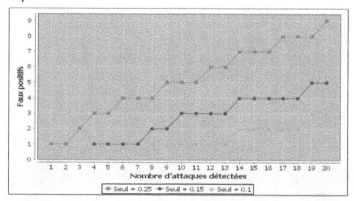

Figure III.10. Variation de faux positifs en fonction de nombre d'attaques.

D'après la courbe, plus le seuil est petit, plus le nombre de faux positif est réduit.

59

Implémentation de l'application Web

IV.1.4. Diagramme récapitulatif :

En résumé, les étapes pour sécuriser l'application Web, sont décrites une à une dans l'organigramme suivant :

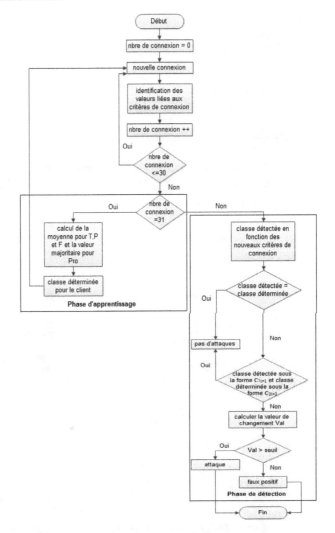

Figure III.11. Organigramme de détection d'une attaque.

IV.2. IDS de détection par signatures :

Cette méthode de détection s'appuie sur une base de données de toutes les attaques connues. Chaque attaque à sa propre signature, l'IDS cherche à reconnaitre cette signature parmi les utilisateurs qu'il analyse (une recherche de correspondance au sein d'une base de connaissance). Si une attaque est détectée, une alarme est remontée.

Cette méthode est simple à mettre en œuvre, mais elle est basée sur les signatures d'attaques connues. Donc la base de données doit être régulièrement mise à jour ainsi que les attaques inconnues ne seront jamais détectées.

Pour tester l'approche de détection par signatures, on a créé une base de donné nommée signatures qui contient des attaques connues qui ont été construite par rapport aux critères suivant : le prix d'achat et le temps de connexion à l'application Web.

- Temps de connexion T : qui prend trois possibilités, T1 s'il est entre une heure et une heure et demi (entre 60 et 90 mn), T2 s'il est entre une heure et demi et deux heures (entre 90 et 120 mn), T3 s'il est supérieur à deux heures (dépasse 120 mn).
- Prix moyen d'achat P : trois choix sont possibles, P1 s'il est entre 1200 et 1500€, P2 s'il est entre 1500 et 1800 € et P3 s'il est supérieur à 1800 €.

Ces deux critères donnent naissance à neuf signatures (3^2).

Le système analyse chaque comportement de client connecté et le compare avec les signatures existantes dans la base de données. Si le système détecte une attaque alors il va la classée dans la base de données, et il va bloquer le client c'est-à-dire que ce dernier ne peut pas poursuivre ses achats et finir son rôle par l'affichage d'un message d'alerte. La Figure III.12 illustre quelques attaques détectées :

id	pseudo	attaque
1	toto	attaque1
2	tata	attaque5
3	hamidmid	attaque3
4	abdosic	attaque9

Figure III.12. Table attaque par signature.

61

IV.3. Comparaison entre les deux approches :

La courbe suivante montre le nombre d'attaques détectées (à travers les deux approches) par rapport au nombre d'attaques total.

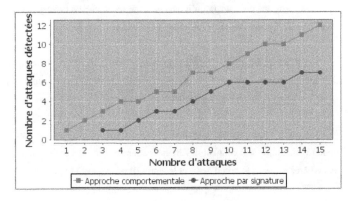

Figure III.13. Nombre d'attaques détectées par rapport au nombre d'attaques total.

La courbe montre que l'approche comportementale permet de détecter plus d'attaques par rapport à l'approche par signatures, tous simplement car cette dernière est basée uniquement sur neuf attaques connues, toute nouvelle attaque passera inaperçus (problème de faux négatifs). Toutefois, l'approche comportementale à un réel problème de faux positifs, à l'inverse de l'approche par signatures, on n'est pas sûr que toutes les attaques détectées soient des vraies attaques.

V. Conclusion :

Au terme de ce chapitre, nous venons de conclure la dernière phase du projet, à savoir l'implémentation du système de détection d'intrusions. Cette implémentation offre, via un ensemble de programme et de bases de données la possibilité de personnaliser un client de l'application Web et de détecter les attaques.

D'une par l'approche comportementale permet de détecter des attaques inconnues auparavant ainsi que les abus de privilèges des utilisateurs légitimes du système. Par contre, le comportement de référence n'étant jamais exhaustif, on s'expose à des risques de fausses alarmes (faux positifs). De plus, si des attaques ont été commises durant la phase d'apprentissage, elles seront considérées comme normales (risque de faux négatifs).

D'autre part on peut voir deux inconvénients à l'approche par signatures : on ne peut détecter que des attaques connues et il faut remettre à jour la base de signatures d'attaque très souvent.

C'est pourquoi une approche hybride semble indispensable, cette approche permet la sérialisation d'un IDS comportementale suivie d'un IDS par signatures tels que la base de signatures est alimentée régulièrement à partir de résultats obtenus par l'approche comportementale.

Conclusion générale:

La sécurisation d'un réseau est une étape délicate qui permet sa protection contre les risques les plus courants.

Sur Internet, les pirates emploient de plus en plus de stratégies pour dissimuler leurs caractères intrusifs. Par conséquent, la détection de la reconnaissance active devient plus difficile mais indispensable afin de comprendre les intentions des attaquants.

Une gamme complète de solutions telles que les antivirus, scanneurs de failles et firewall permet d'obtenir une sécurité presque convenable face aux attaques les plus courantes. Ces dernières sont d'ailleurs en évolution quotidienne et de nombreuses failles sont découvertes et exploitées chaque jour.

Il faut alors prendre au sérieux les risques provenant du réseau et analyser régulièrement ses flux, afin d'y déceler les anomalies, pouvant prouver une intrusion. Cette tâche serait aussi rebutante que fastidieuse si les IDS n'avaient pas été développés.

Nous avons suivi dans le cadre de notre travail plusieurs étapes afin de parvenir à notre but, celui de sécuriser l'application Web (boutique en ligne) à l'aide de système de détection d'intrusions.

La sécurité de l'application Web était l'objectif du troisième chapitre dans lequel nous avons détaillé le fonctionnement ainsi que les différentes étapes de l'implémentation, pour bien sécuriser notre application, il fallait d'abord choisir les critères de classification à utiliser pour détecter une attaque. Nous avons développé des fonctionnalités au sein de cette application Web pour la sécuriser avec les deux approches d'IDS (comportementale et par signatures). La nécessité de stocker les traces des anomalies produites par l'IDS nous a poussé à créer une base de données pour les enregistrer et aussi pour la gestion des clients de l'application. Tout ceci a été exposé dans le dernier chapitre.

Conclusion générale

En perspective, il serait intéressant d'améliorer les performances de notre IDS à travers l'approche hybride qui consiste en la sérialisation d'un IDS comportementale suivi d'un IDS par signatures, l'IDS comportementale permet de filtrer les requêtes normales et ainsi seules les requêtes détectées comme anormales sont passées à l'IDS par signatures.

Ce travail nous a beaucoup apporté dans le domaine de la sécurité des réseaux. Il nous a permis d'avoir une idée plus claire sur les applications de ce domaine. Nous avons également découvert les plus grandes approches des IDS (IDS de détection d'anomalies et IDS de détection par signatures). Cette application que nous avons élaborée présente des avantages comme la détection rapide des anomalies ainsi qu'un taux de fausses alertes limité.

Il est important de noter que le risque nul d'être piraté n'existe pas et il faut s'avoir s'appuyer au mieux sur les outils (nouvellement) disponibles afin de tendre vers cet idéal.

Bibliographie :

[1]   Guy Pujolle, « Les réseaux », Eyrolles, 2008.

[2]   Phung Khac, « La sécurité dans les réseaux hauts débit », Rapport de tipe, Institut de la francophonie pour l'informatique (IFI), Mai 2005.

[3]   David Burgermeister et Jonathan Krier, « Les Systèmes de Détection d'Intrusions »,   Juillet 2006.

[4]   Jabou Chaouki, Schillings Michaël et Hantach Anis, « TER Detection d'anomalies sur le réseau », Université Paris Descartes, 2009.

[5]   Brigitte Ulmann, « Cisco et la sécurité », Novembre 2004.

[6]   Laurent Bloch et Christophe Wolfhugel, « Sécurité Informatique : Principes et méthode », Juin 2011.

[7]   Eric Berthomier, « Formation Sécurité des Réseaux », Mars 2005.

[8]   Guillaume Desgeorge, « La sécurité des réseaux », 2000.

[9]   Isabelle Facon, « Les enjeux de sécurité en Asie centrale : la politique de la réussie », 2000.

[10] Michel Frenkiel et al. « Les enjeux de sécurité », Septembre 2009.

[11] Liran Lerman, « Les systèmes de détection d'intrusion basés sur du machine elearning », Thèse de doctorat, Université libre de Bruxelles, 2008.

[12] Herve Schauer, « Enjeux de la sécurité, Séminaire McAfee Prévention d'intrusion et gestion du risque », Paris Tour Eiffel, 19 Avril 2005.

[13] Aymen Mellassine, « Systèmes de Détection d'Intrusions dans les Réseaux Ad Hoc », Rapport de projet de fin d'études, Ecole supérieur de télécommunication de Tunis, 2005.

[14] Ferro Luca et Salman Nader, « Sécurité Réseaux », Université de Nice Sophia-Antipolis, 2006.

[15] http://www.euro-reseau.fr/securite.php, Consulté le : Février 2012.

[16] B. Benmammar, C. Lévy-Leduc et   F. Roueff, « Algorithme de détection d'attaques de   type SYN Flooding », Dans les actes du XXIe Colloque GRETSI, Traitement du signal et des images, Troyes, Septembre 2007.

[17] Edit Gombay et Shuangquan Liu, « A Nonparametric Test for Change in Randomly Censored Data », The Canadian Journal of Statistics, Vol. 28, No. 1, pp. 113-121, 2000.

[18] Ali Ghorbani, « Network Intrusion Detection and Prevention », Thèse de doctorat, Université of new Brunswick Canada, Juillet 2009.

[19] Mohammed EL-Sayed, « Évaluation des Systèmes de Détection d'Intrusion », Thèse de doctorat, Université de Toulouse, Décembre 2008.

[20] Aurobindo Sundaram, Met à jour le : Février 2005, « An Intrusion to Intrusion Detection », ACM Crossroads Student Magazine, disponible sur : http://www.acm.org/crossroads/xrds2-4/intrus.html, Consulté le : Janvier 2012.

[21] M. Tran Van Tay, « Le système de détection des intrusions et le système d'empêchement des intrusions », Rapport du stage de fin d'études, Université de Québec Montérial, Février 2005.

[22] F. Cikala, R. Lataix et S. Marmeche, « Les IDS/IPS : Intrusion Detection/Prevention Systems », 2005.

[23] K. Müller, Met à jour le : Juillet 2003, « IDS - Systèmes de Détection d'Intrusion », Disponible sur url : http://www.linuxfocus.org/, Consulté le : Janvier 2012.

[24] Nathalie Dagorn, « Détection et prévention d'intrusion : présentation et limites ». Rapport de recherche, Université de Nancy1, 2006.

[25] Frédéric Majorczyk, « Détection d'intrusions comportementale par diversification de COTS application au cas des serveurs Web », Thèse de doctorat, Université de Renne1, Janvier 2009.

[26] Loic Hennaf et Eric Totel, « Un système de détection d'intrusions comportemental destiné aux applications Web écrites en Ruby on Rails », Juin 2011.

[27] Hervé Debar, Marc Dacier et Andreas Wespi, « A Revised Taxonomy for Intrusion-Detection Systems – Annales des Télécommunications », 55, n° 7-8, 2000.

[28] Jacob Zimmermann et al. « Vers une détection d'intrusions à fiabilité et pertinence prouvables », Thèse de doctorat, Université de Technology, Australie, 2006.

[29] Madjid Ouharoun, « Modélisation de détection d'intrusion par des jeux probabilistes », Mémoire de maitrise, Université du Québec Canada, 2010.

[30] T. Evangelista, « Les systèmes de détection d'intrusions informatiques », Paris : Dunod, 2004.

Bibliographie

[31] G. Lehmann, « Généralités sur les systèmes de détection d'intrusions », Publié le : 13 Avril 2003 sur le site Internet : http : //lehmann.free.fr/, Consulté le : Février 2012.

[32] P. Lespérance, « Détection d'intrusions et analyse passive des réseaux », Mémoire de maitrise en informatique, Université de Laval, Aout 2005.

[33] J. Zimmermann et L. Mé, « Les systèmes de détection d'intrusions : principes algorithmiques », Juin 2002.

[34] B. Morin, « Corrélation d'alertes issues d'outils de détection d'intrusions avec prise en compte d'informations sur le système surveillé », Thèse de doctorat, Institut National des Sciences Appliquées de Rennes, Février 2004.

[35] T. Steven et al. « An attack language for state-based intrusion detection », Journal of Computer Security, pages 71–103, 2002.

[36] Cédric Michel et Ludovic Mé, « An attack description language for knowledge-based intrusion detection », In Proceedings of the 16th International Conference on Information Security (IFIP/SEC 2001), pages 353–365, Juin 2001.

[37] David Brumley et al. « Towards automatic generation of vulnerability-based signatures ». In Proceedings of the 2006 IEEE Symposium on Security and Privacy, pages 2–16, Washington, DC, USA, 2006.

[38] James Newsome et Dawn Song « Dynamic taint analysis for automatic detection, analysis, and signature generation of exploits on commodity software », In Proceedings of the 12th Annual Network and Distributed System Security Symposium , San Diego, Février 2005.

[39] T. Steven et al. « An attack language for state-based intrusion detection »,Journal of Computer Security, pages 71–103, 2002.

[40] Stefan Axelsson, « Intrusion detection systems : A taxonomy and survey », Technical Report 99-15, Dept. of Computer Engineering, Chalmers, Université de Technology, Mars 2000.

[41] L. Hamza, « Génération automatique de scénario d'attaques pour les systèmes de détection d'intrusions », Mémoire de magister, Université A. Mira de Béjaia, 2005.

[42] Romdhane Ben Younes, « Etude et mise en œuvre d'une méthode de détection d'intrusions dans les réseaux sans-fil 802.11 basée sur la vérification formelle de modèles », Mémoire de maitrise, Université du Québec à Montréal, Décembre 2007.

[43] D. Bulatovic et D. Valesevic, « A distributed intrusion detection system based on Bayesian alarm networks », Proceedings of the Secure Networking CQRE[Secure], Novembre/Décembre, 1999.

[44] P. Anderson, « Computer security threat monitoring and surveillance », Rapport technique, Company de Washington, Avril 1980.

[45] D. Denning « An Intrusion-Detection Model – IEEE transaction on Software Engineering », 1987.

[46] H. Debar, M. Becker et D. Siboni, « A Neural Network Component for an Intrusion Detection System, Proceeding of the IEEE Symposium of Research in Computer Security and Privacy », 1992.

[47] Stephanie Forrest et al. « A sense of self for unix processes », In Proceedings of the 1996 IEEE Symposium on Research in Security and Privacy, pages 120–128, IEEE Computer Society, IEEE Computer Society Press, Mai 1996.

[48] Hervé Debar et Elvis Tombin, « Accurate and fast detection of http attack traces in Web server logs », In Proceedings of EICAR, Malta, 2005.

[49] Elvis Tombini et al. « A serial combination of anomaly and misuse IDS applied to HTTP traffic », In Proceedings of ACSAC'2004, pages 428–437, Tucson, AZ, Decembre 2004.

[50] J. Olivain, « Plate-forme de détection d'intrusions : Analyse et corrélation temporelle d'événements en temps réel », Rapport de stage, Laboratoire Spécification et Vérification, ENS Cachan, France, Novembre/Décembre 2003.

[51] Magnus Almgren, Hervé Debar et Marc Dacier, « Lightweight tool for detecting Web server attacks », In Proceedings of the Network and Distributed System Security Symposium (NDSS'2000), pages 157–170, San Diego, CA, Février 2000.

[52] Giovanni Vigna et al. « A stateful intrusion detection system for world-wide Web servers », In Proceedings of the Annual Computer Security Applications Conference (ACSAC 2003), pages 34–43, Las Vegas, Novembre/December 2003.

[53] Magnus Almgren et Ulf Lindqvist, « Application integrated data collection for security monitoring », In Proceedings of the fourth International Symposium on Recent Advances in Intrusion Detection (RAID 2001), pages 22–36, Canada, Octobre 2001.

[54] Ivan Ristic, « ModSecurity 2.5 », 2008. http://www.modsecurity.org/, Consulté le: Mars 2012.

Bibliographie

[55] Breach Security, « WebDefend », 2008. http://www.breach.com/ products/, Consulté le: Février 2012.

[56] Christopher Kruegel et Giovanni Vigna, « Anomaly detection of Web-based attacks », In Proceedings of the 10th ACM Conference on Computer and Communication Security (CCS'03), pages 251–261, Washington, Octobre 2003.

[57] Christopher Kruegel et al. « A multi-model approach to the detection of Web-based attacks.Computer Networks », pages 717–738, Août 2005.

[58] K. William et al. « Using generalization and characterization techniques in the anomaly-based detection of Web attacks », In Proceedings of the Network and Distributed System Security Symposium (NDSS 2006), San Diego, Février 2006.

[59] Fredrik Valeur et al. « An anomaly-driven reverse proxy for Web applications », In Proceedings of the 2006 ACM symposium on Applied computing (SAC '06), pages 361–368, France, Avril 2006.

[60] L. Kenneth et al. « Elearning DFA representations of HTTP for protecting Web applications », Computer Networks, 51(5): 1239–1255, 2007.

[61] Alvaro Herrero et Emilio Corchado, « Mobile Hybrid Intrusion Detection The MOVICAB-IDS System », Spain, 2011.

[62] MySQL un serveur de bases de données relationnelles disponible sur le site : http://www.futura-sciences.com/, Consulté le : Juin 2012.

[63] **NetBeans** est un environnement de développement intégré disponible sur le site : http://netbeans.org/. Consulté le : Juin 2012.

[64] Serge Tahe, « Introduction à STRUTS2 par l'exemple ». Publié le : 15 Février 2012 sur le site Internet : http : //Developper.com/, Consulté le : Juin 2012.

[65] Thomas Guyet, « Diagnostic multi-sources adaptatif application à la détection d'intrusions dans les serveurs Web », Thèse de doctorat, Université de Rennes 1, 2009.

[66] Ibrahim Mohamed Amine et Tebourbi Hamdi, « Installation et Configuration d'un système de détection d'intrusion (IDS) », Mémoire de licence, Université de 7 novembre, Carthage, 2009.

[67] Lois Le henaff, « Détection d'attaques contre les données dans les applications Web », Mémoire de master, Université de Rennes 1, 2010.

[68] Jacques Saraydaryan, « Détection d'anomalies comportementales appliquée à la vision globale », Thèse de doctorat, Université de Lyon, 2008.